D1693141

Bratapfel & Weihnachtsbaum

Paula Winter

Bratapfel & Weihnachtsbaum

Bräuche und Legenden
aus der stillsten Zeit des Jahres

Weltbild

Inhalt

Einleitung: Der Advent – Tannenduft und Kerzenschein 6
Rainer Maria Rilke: Der Abend kommt von weit gegangen … 8
11. November: Martin von Tours 9
Christian Morgenstern: Wenn es Winter wird 12
25. November: Katharina von Alexandria 13
Erst eins, dann zwei, dann drei, dann vier … 15
Matthias Claudius: Immer ein Lichtlein mehr … 16
30. November: Der Apostel Andreas 17
4. Dezember: Barbara von Nikomedien 18
6. Dezember: Heiliger Nikolaus 20
Nikolauslegenden 24
Apfel, Nuss & Mandelkern … leckeres Weihnachtsgebäck 26
Rezept: Christstollen 28
13. Dezember: Lucia von Syrakus 31
Julius Sturm: Zerronnen ist ein holder Traum … 33
Vanille, Zimt & Co. … Gewürze aus aller Welt 34
Rezept: Bratäpfel 35
21. Dezember: Der Apostel Thomas 36
Friedrich Wilhelm Weber: In der Winternacht 37
Lebkuchen 38
Rezept: Lebkuchen 44
Alle Jahre wieder … Die Krippe 46
Rainer Maria Rilke: Es treibt der Wind im Winterwalde … 49
Der Christbaum 50
Traditioneller Christbaumschmuck 53

Wilhelm Lobsien: Am Abend vor Weihnachten 55
Das Weihnachtsevangelium nach Lukas 56
Christkind oder Weihnachtsmann? 58
Theodor Storm: Von drauß' vom Walde komm ich her … 63
Es weihnachtet sehr. Brief von Theodor Storm
an seine Eltern vom 20. Dezember 1856 64
Zwischen den Jahren – Die Raunächte 65
Joachim Ringelnatz: Weihnachten 68
Ein Lied geht um die Welt 69
Die Lostage … was das neue Jahr wohl bringen mag? 72
Heinrich Heine: Draußen ziehen weiße Flocken … 75
Die Heiligen Drei Könige und der Stern von Bethlehem 76
Joseph von Eichendorff: Weihnachten 79

Einleitung
Der Advent –
Tannenduft und Kerzenschein

Der Duft von Gebäck, der warme Lichtschein von Kerzen und heimliches Geraschel hinter verschlossenen Türen – all das gehört zu einer Zeit, die für viele Menschen, egal ob groß oder klein, die schönste des Jahres ist. In dieser Zeit schmücken wir die Stube mit Tannenzweigen, suchen nach Überraschungen für unsere Lieben und streifen mit leuchtenden Augen über winterliche Märkte, wo wir unsere Hände an heißen Tassen mit dampfendem Glühwein wärmen.

Die Weihnachtszeit ist aber auch die dunkelste Zeit des Jahres. Die Wochen um die Wintersonnenwende und um den Jahreswechsel herum sind seit vorchristlicher Zeit gefürchtet. Es sind die Wochen der kurzen Tage und der langen Nächte, in denen der kalte Wind um die Hausecken pfeift und der Wanderer seinen Weg im Schneesturm leicht verliert. Aberglaube, Beschwörungen und uralte Legenden prägen bis heute unsere Traditionen um das christliche Freudenfest.

Die Adventszeit ist die Zeit, in der das Jahr seinem Ende entgegengeht: Früh brechen die Abende herein und kurz nur dauern die kalten Tage an. Trotzdem – oder gerade deshalb – sind die Wochen vor Weihnachten die Zeit der Lichter und der Behaglichkeit, in der wir voller Vorfreude dem hohen Fest entgegensehen.

Schon der Name »Advent« verweist auf eine Zeitspanne der freudigen Erwartung; kommt er doch vom lateinischen »adventus«, was so viel wie »Ankunft« bedeutet und die bevorstehende Ankunft des Gottessohnes ankündigt. Auf dieses wichtige Ereignis bereiteten sich unsere Vorfahren sogar mit körperlicher Enthaltsamkeit vor: Vor dem Weihnachtsfest galt eine vierzigtägige Fastenzeit! Doch vor etwa zweihundert Jahren verschwand die Tradition des strengen Fastens, und so dürfen wir heute reinen Gewissens über die Adventsmärkte schlendern und uns an süßen Bratäpfeln und duftenden Weihnachtsplätzchen erfreuen.

Der Abend kommt von weit gegangen
durch den verschneiten, leisen Tann.
Dann presst er seine Winterwangen
an alle Fenster lauschend an.
Und stille wird ein jedes Haus:
Die Alten in den Sesseln sinnen,
die Mütter sind wie Königinnen,
die Kinder wollten nicht beginnen
mit ihrem Spiel. Die Mägde spinnen
nicht mehr. Der Abend horcht nach innen,
und innen horchen sie hinaus.

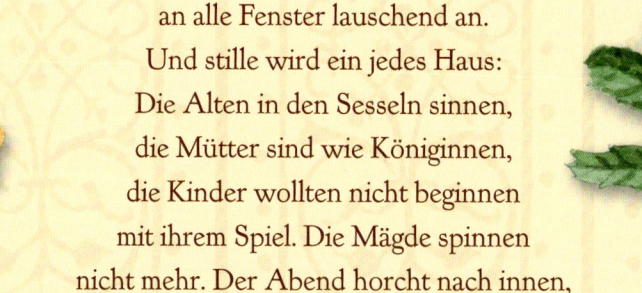

Rainer Maria Rilke

Besondere Tage im Advent

11. November
Martin von Tours
316/17 – 397

Der Festtag des heiligen Martin am 11. November eröffnet die weihnachtliche Vorbereitungszeit und läutete traditionell die Winterzeit ein: So war der Martinstag der Beginn des neuen Pachtjahres, die Bauern mussten Steuern an die Obrigkeit abführen, und Knechte und Mägde konnten sich, wenn sie wollten, eine neue Herrschaft suchen. Die Woche vor Martini galt darum auch als »Schlamperwoche«, in der das Gesinde nur mehr das Notwendigste zu erledigen hatte.

Außerdem eröffnete der Martinstag die »Spinnstubenzeit«, in der keine Arbeit auf dem Feld mehr möglich war und sich alle Hausbewohner um die oft einzige Licht- und Wärmequelle im Haus versammelten. Ein ungezwungenes Miteinander begann, und so manche Liebschaft ließ sich in der gemütlichen Stube unauffällig anknüpfen …

Und so begleitet der heilige Martin, der der Nachwelt vor allem wegen seiner vielen selbstlosen Taten in Erinnerung geblieben ist, die Menschen in die stille, dunkle und beschauliche Winterzeit hinein.

Die Legende berichtet, dass Martin um das Jahr 316 in der römischen Provinz Pannonien im heutigen Ungarn geboren wurde. Bereits im Alter von zehn Jahren bekannte sich der Sohn eines römischen Offiziers zum Christentum. Während seiner Dienstzeit in der römischen Armee tat Martin viele gute Werke: Er half Kranken und Armen, behielt von seinem Sold nur das, was er unbedingt zum Leben brauchte, und verschenkte den Rest an Bedürftige.

Mit 18 Jahren wurde Martin im französischen Amiens stationiert. Dort begegnete er hoch zu Ross mitten im Winter einem armen, unbekleideten Bettler. Als der frierende Mann um Hilfe bat, teilte Martin kurz entschlossen mit einem Schwertstreich seinen Militärmantel in zwei Teile und gab dem Bettler eine Hälfte.

In der darauffolgenden Nacht erschien ihm im Traum Jesus Christus, bekleidet mit dem Mantelstück; er war es gewesen, der Martin geprüft hatte.
Im Jahr 371 wurde Martin gegen seinen Willen und auf Drängen des Volkes, das ihn als Nothelfer und Ratgeber schätzen gelernt hatte, Bischof von Tours. Die Legende berichtet, dass sich der Heilige in einem Gänsestall versteckte, um dem hohen kirchlichen Amt zu entgehen. Das aufgeregte Schnattern der Tiere verriet jedoch seinen heimlichen Unterschlupf. Die Menschen von Tours entdeckten Martin zwischen den Gänsen und der Heilige konnte sich der Wahl zum Bischof nun nicht mehr entziehen. Bis ins hohe Alter hatte er daraufhin das hohe Amt inne. Als Nothelfer und Wundertäter wurde Martin von den Menschen seines Bistums geschätzt und geliebt, bis er 81-jährig in Tours starb, wo er am 11. November 397 beigesetzt wurde.

Wenn wir am 11. November die köstliche Martinsgans genießen, dann erinnern wir uns damit an den Heiligen, der aus Bescheidenheit seinem hohen Amt entsagen wollte.

Doch nicht nur aus religiösen, sondern auch aus ganz praktischen Gründen erfreuen wir uns zu Beginn der Winterzeit an dieser kulinarischen Spezialität: Da in der Vergangenheit kurz nach dem Martinstag eine strenge vorweihnachtliche Fastenzeit begann, nutzten die Menschen gerne jede Gelegenheit, um sich noch einmal so richtig satt zu essen. Da es ohnehin zu teuer war, eine Gänseschar über den Winter zu füttern, schlachtete man das Federvieh kurzerhand und erfreute sich vor der langen Zeit der Enthaltsamkeit noch einmal am schmackhaften Braten.

Gänse waren zu dieser Jahreszeit auch eine beliebte Abgabe der Bauern an die höheren Stände. Der Adel und die hohe Geistlichkeit schätzten das vorweihnachtliche Festmahl gleichermaßen, außerdem benutzten die vornehmen Herren die Gänsekiele zum Schreiben und ließen mit den Daunen ihre Federbetten neu befüllen – während die einfachen Menschen ihr Lager auf Strohsäcken hielten.

Bringt St. Martin Sonnenschein,
setzt ein kalter Winter ein.
Ist es um Martini trüb,
wird der Winter auch nicht lieb.

Wenn es Winter wird

Der See hat eine Haut bekommen,
so dass man fast drauf gehen kann,
und kommt ein großer Fisch geschwommen,
so stößt er mit der Nase an.
Und nimmst du einen Kieselstein
und wirfst ihn drauf, so macht es klirr
und titscher – titscher – titscher – dirr.
Heißa, du lustiger Kieselstein!

Er zwitschert wie ein Vögelein
und tut als wie ein Schwälblein fliegen.
Doch endlich bleibt mein Kieselstein
ganz weit, ganz weit auf dem See draußen liegen.

Da kommen die Fische haufenweis
und schaun durch das klare Fenster von Eis
und denken, der Stein wär etwas zum Essen.
Doch sosehr sie die Nase ans Eis auch pressen,
das Eis ist zu dick, das Eis ist zu alt,
sie machen sich nur die Nasen kalt.

Aber bald, aber bald
werden wir selbst auf eignen Sohlen
hinausgehn können und den Stein wieder holen.

Christian Morgenstern

Besondere Tage im Advent

25. November
Katharina von Alexandria
geb. im 3. Jh., gest. um 306

Aus der Stadt des Wissens, aus Alexandria, stammt Katharina. Die kluge, schöne und redegewandte Frau stellte sich eines Tages dem christenfeindlichen Kaiser Maxentius in den Weg und widerlegte seinen Götzenglauben mit stichhaltigen Argumenten. Der Kaiser war beschämt und erbost, weil er der Beweisführung der schönen Fremden nicht gewachsen war. Wütend verlangte er von ihr, dass sie in seiner Anwesenheit mit den 50 fähigsten Gelehrten des Landes einen Disput über die Wahrheit des Christentums führen sollte.

Doch die erwartete Niederlage der Katharina blieb aus: Stattdessen bekehrte die wortgewaltige Frau die heidnischen Philosophen zum christlichen Glauben. Trotz des vom Kaiser sofort verkündeten Todesurteils hielten die Gelehrten standhaft am Christentum fest und starben mit dem Ruf »Jesus« auf den Lippen auf dem Scheiterhaufen.

Als dann Katharina zum Tode verurteilt auf ein mit Messern gespicktes Rad gebunden werden sollte, zersprang das schreckliche Folterinstrument. Und als sie schließlich auf Geheiß des rasenden Kaisers hin geköpft wurde, floss nicht Blut, sondern Milch aus ihrer Wunde. Engel ergriffen ihren Leichnam und trugen ihn auf den Berg Sinai, wo noch heute das bedeutende Katharinenkloster steht. Trotz ihres tragischen Schicksals war der 25. November, der Tag, an dem der klugen Märtyrerin gedacht wird, für unsere Vorfahren seit jeher ein Grund zum Feiern: Die Arbeit im Freien war abgeschlossen, die Weidezeit beendet, und bevor die stille Zeit des Advents begann, wurde ein letztes Mal im Jahr zum Tanz aufgespielt. Der »Kathreinstanz« markiert einen Höhepunkt des Bauernjahres und erlaubt es uns so, die wortgewandte und schöne Heilige in fröhlicher Erinnerung zu behalten.

*Wenn kein Schneefall auf Kathrein ist,
auf St. Andreas kommt er gewiss.*

*Wie's um Katharina: trüb oder rein,
wird auch der nächste Februar sein.*

Erst eins, dann zwei, dann drei, dann vier …

Was kann man tun, wenn die Tage bis Weihnachten viel zu langsam vergehen? Wenn Kinderaugen sehnsuchtsvoll aufblicken und wissen wollen, wie lange es noch dauern wird, bis endlich das große Fest gefeiert werden kann? Wie soll man eine Zeitdauer von mehreren Wochen erklären, wenn Kinderhände doch nur bis zum zehnten Finger abzählen können?

Pastor Johann Heinrich Wichern hatte im Advent des Jahres 1838 eine Idee. Der Begründer des Hamburger »Rauhen Hauses«, einem Heim, in dem arme und verwaiste Kinder ein Bett, Erziehung und Familienersatz fanden, brachte einen großen Holzreifen an der Decke des gemeinsamen Speisesaals an. So viele Tage noch bis zum Heiligen Abend vergehen sollten, so viele Kerzen hatte der Pastor auf den hölzernen Ring gesteckt. Für jeden Sonntag im Advent gab es sogar eine besonders große Kerze! Wichern entzündete täglich bei der Abendandacht ein Licht, und so konnte jedes Kind, auch wenn es mit dem Rechnen noch nicht klappen wollte, genau erkennen, wie viel Zeit noch vergehen würde bis zum großen Fest.
Ein paar Jahre später hatte der Pastor noch die Idee, den Holzreif mit Tannenzweigen zu umwickeln. So erstrahlten die entzündeten Kerzen aus einem grünen Ring aus duftenden Tannennadeln – der Adventskranz war geboren!

Es dauerte nicht lange, da hatte sich dieser hübsche Brauch weithin im Lande durchgesetzt. In den kleinen häuslichen Stuben beschränkte man sich allerdings auf die vier großen Kerzen für die vier Adventssonntage. Und seit nunmehr fast hundert Jahren fehlt der festliche Schmuck in keinem Haushalt mehr!

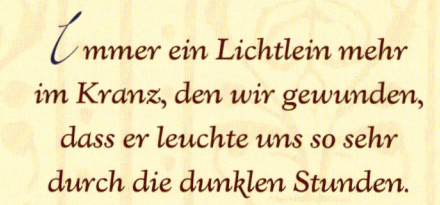

Immer ein Lichtlein mehr
im Kranz, den wir gewunden,
dass er leuchte uns so sehr
durch die dunklen Stunden.

Zwei und drei und dann vier!
Rund um den Kranz welch ein Schimmer,
und so leuchten auch wir
und so leuchtet das Zimmer.

Und so leuchtet die Welt
langsam der Weihnacht entgegen.
Und der in Händen sie hält,
weiß um den Segen!

Matthias Claudius

Besondere Tage im Advent

30. November
Der Apostel Andreas
geb. um Christi Geburt, gest. um 60 n. Chr.

Andreas war der Erste, den Jesus als seinen Jünger berief, und wie sein Bruder Petrus war auch er von Beruf Fischer.

Der Legende nach zog Andreas nach dem Kreuzestod Christi nach Kleinasien, Armenien und Georgien, um das Evangelium zu verkünden. In Patras bekehrte er die Frau des römischen Statthalters zum Christentum und riet ihr eheliche Enthaltsamkeit. Der tobende Ehemann stellte den Apostel daraufhin zur Rede und verlangte von Andreas die Abkehr vom Christentum. Als dieser sich weigerte, verurteilte der wütende Römer ihn zum Tod am Kreuz.

Zwei Tage lang hing Andreas am x-förmigen Kreuz und predigte den zahlreich herbeigeströmten Menschen. Im Sterben soll der Apostel von himmlischem Licht verhüllt worden sein.

Der römische Statthalter verhöhnte den Sterbenden und wurde daraufhin vom Wahnsinn geschlagen. Seine Frau ließ Andreas mit den größten Ehren bestatten.

*Wirft herab Andreas Schnee,
tut's dem Korn und Weizen weh.*

*Schau in der Andreasnacht,
was für Gesicht das Wetter macht:
So wie es ausschaut, glaub's fürwahr,
bringt's gutes oder schlechtes Jahr.*

Besondere Tage im Advent

4. Dezember
Barbara von Nikomedien
geb. Ende des 3. Jh., gest. um 306

Die schöne und kluge Barbara wurde als Kind eines reichen Kaufmanns im 3. Jahrhundert in Kleinasien geboren. Dem heidnischen Vater missfiel, dass sich seine Tochter dem Christentum zuwandte. Er errichtete einen großen Turm und schloss Barbara darin ein, um sie von allen fremden Einflüssen fernzuhalten. Während ihr Vater verreist war, ließ sich Barbara jedoch heimlich taufen: Vom Heiligen Geist erleuchtet, erschien ihr Johannes der Täufer und spendete ihr das heilige Sakrament.

Nach seiner Rückkehr bat Barbara ihren Vater, den Bau eines Bades zu veranlassen. Statt der vom Vater angeordneten zwei Fenster ließ sie jedoch ein drittes in die Mauer schlagen, als Zeichen für die Heilige Dreifaltigkeit.

Der Vater stellte Barbara wegen des veränderten Baus zur Rede, und nachdem sie sich ihm als Christin offenbart hatte, wollte der rasende Mann seine Tochter erschlagen. Barbara konnte aus dem Turm fliehen, wurde später jedoch gefasst und dem römischen Statthalter Marcianus ausgeliefert.

Trotz Folter entsagte die mutige Barbara ihrem christlichen Glauben nicht und wurde daraufhin zum Tode verurteilt. Auf dem Weg in ihr letztes Gefängnis blieb ein vertrockneter Zweig an ihrem Kleid hängen. In ihrer Zelle netzte Barbara das Zweiglein mit Wasser aus ihrem Trinkbecher. Am Tag ihrer Hinrichtung blühten die Knospen auf und schenkten der Heiligen in ihren letzten Stunden Trost.

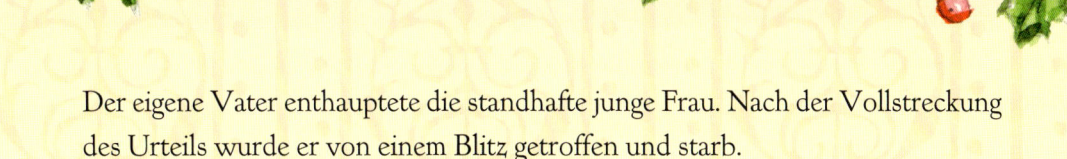

Der eigene Vater enthauptete die standhafte junge Frau. Nach der Vollstreckung des Urteils wurde er von einem Blitz getroffen und starb.

Heute noch gedenken wir der heiligen Barbara, indem wir am Barbaratag Kirsch- oder Apfelzweige abschneiden. Wenn diese an Weihnachten blühen, verspricht uns das Glück und Fruchtbarkeit für das kommende Jahr.

*Geht Barbara im Klee,
kommt's Christkind im Schnee.*

*Barbara im weißen Kleid
verkündet gute Sommerzeit.*

Besondere Tage im Advent

6. Dezember
Heiliger Nikolaus

Der heilige Martin mag am 11. November als der erste Vorbote der Adventszeit gelten und unser Begleiter in die Winterzeit sein. Ein anderer Heiliger jedoch, wie Martin ebenfalls ein Bischof des frühen Christentums, begegnet uns erst ein wenig später im Jahr. Diesen Mann kennt und liebt jedes Kind, und sein Erscheinen zeigt allen Ungeduldigen an, dass der Weihnachtsabend nun endlich in greifbare Nähe gerückt ist!

Nach alter Tradition wandert am 6. Dezember der heilige Nikolaus von Tür zu Tür. Er besucht die Kinder, die seiner Ankunft mit Furcht und Vorfreude entgegenblicken und im Stillen schnell noch einmal die fleißig einstudierten Gedichte üben. Der ehrwürdige Bischof wird in die Stube gebeten, lauscht dort dem Vortrag mit gütigem Gesicht und erkundigt sich sodann nach dem Betragen der kleinen Gesellschaft. Mit ernster Miene bringt er so manche verschwiegene Sünde zur Sprache, bevor er Lob und Tadel austeilt und nach einem gestrengen Blick über den wollig-weißen Bart die lang ersehnten Geschenke verteilt.

Manchmal bleibt der Nikolaus aber auch bescheiden im Hintergrund, besucht die Häuser der Menschen heimlich des Nachts und hinterlässt seine Gaben in den von Kindern vorsorglich vor die Tür gestellten Stiefeln.
Die klugen Kleinen wissen sehr genau, wie sie sich das Wohlwollen des Bischofs sichern können: Sie stecken eine Handvoll Heu in die Schuhe, damit der Heilige sein Reittier auf dem langen Weg durch die Nacht gut versorgen kann. Und außerdem, so überlegen sich die Kinder, findet der schlaue Esel im nächsten Jahr das eigene Haus umso schneller wieder, wenn er den Ort wegen des leckeren Happens in guter Erinnerung behält!

Geboren wurde Nikolaus von Myra am Ende des 3. Jahrhunderts in Lykien, einer Landschaft im südlichen Kleinasien. Trotz seines wohlhabenden Elternhauses machte er sich nicht viel aus irdischen Gütern, sondern verschenkte all seinen Besitz an Arme und Bedürftige. Menschenfreundlichkeit und Freigiebigkeit zeichneten den frommen Mann aus, der um das Jahr 300 zum Bischof von Myra ernannt wurde.
Zahllose Legenden ranken sich um sein Leben: So beschützte er Unschuldige, rettete zum Tode Verurteilte, befreite Schiffer aus Seenot, wendete Hungersnöte ab und erweckte ermordete Schüler zum Leben – das sind nur einige wenige seiner zahlreichen überlieferten Wundertaten! Und immer wieder tritt der mildtätige Bischof in den Erzählungen als Fürsprecher der Kinder auf.
Nach seinem Tod breitete sich der Nikolauskult über den byzantinischen Raum bis nach Europa aus. Schnell wurde der freundliche Bischof zu einem der beliebtesten Heiligen der Christenheit, und noch heute genießt er, besonders in der Ostkirche, die höchste Verehrung: »Wenn Gott stirbt, so haben wir immer noch den heiligen Nikolaus«, heißt es dort sogar!

Der heilige Nikolaus gilt als Schutzpatron der Kinder, Seefahrer, Flößer, Fischer, Brückenbauer, Kaufleute, Händler, Bäcker, Apotheker und Tuchmacher und hat sich nicht zuletzt als Beschützer der Liebenden einen festen Platz in den Herzen der Menschen erobert!

Doch zurück zur Tradition des 6. Dezember. Denn wenn der bärtige und gutmütige Bischof zu den Kindern kommt, ist er nicht allein! Es ist eine oft schaurige Gestalt, die den guten Nikolaus auf seinen weihnachtlichen Gängen in die Häuser der Menschen begleitet. Viele Namen hat der dunkle Gesell …

… Ruprecht, Hans Muff, Hans Trapp, Düvel, Bock, Beelzebub, böser Klaus, Ascheklas, Bullerklas, Klas Bur, Zwarter Piet, Pietermann, Pulterklas, Ruklas, Rupsack, Pelzebock, Palzebub, Pelznickel, Butz, Rumpelklas, Schmutzli, Düsseli, Semper, Klaubauf, Krampus, Schiachtperchten, Partl, Leutfresser, Biggesel, Pére Foutard, Einspeiber, Gangerln, Kläuse, Klosen, Buzepercht, Kehraus, Klausmänneken, Klausenpicker, Klombsack, Spitzbartl, Battenmänner, Bullkater, Erbsbär, Käsperchen, Buttmandel, Treichler …

… und so abwechslungsreich seine Namen, so vielfältig ist die Erscheinung des geheimnisvollen Begleiters des heiligen Mannes. Wo hat Nikolaus seinen Gefährten nur aufgetrieben? Wann in der Geschichte und wo in den weiten Landen, die der Heilige bereist hat, ist der merkwürdige Gehilfe zu ihm gestoßen? Nur eines scheint klar zu sein: Dieser Geselle kommt aus einer alten Zeit, aus einer Ära, die weit vor den gottgefälligen Taten des weisen Bischofs lag. Aus seinen Augen blickt uns ein alter Wintergeist ins Gesicht, ein Dämon, der in der finsteren Zeit der Jahreswende den ewigen Kampf der Dunkelheit gegen das Licht führt.

Doch wir müssen den finsteren Mann zum Glück nicht fürchten, denn der heilige Nikolaus hat ihn fest in seinem Griff. Der Bischof nämlich hat den Winterdämon gebändigt, und dieser muss den würdigen Mann seither begleiten und ihm zu Diensten sein. Mag die dunkle Gestalt auch mit ihrer Kette rasseln oder mit der Rute schlagen – uns jagt sie keine Angst ein, denn wir wissen, dass sie ihren Herrn gefunden hat: den gütigen, weisen, starken, mitleidigen, warmherzigen, weiß gelockten und liebenswürdigen Nikolaus

*Regnet es an Nikolaus,
wird der Winter streng, ein Graus.*

*Trockener St. Nikolaus,
milder Winter rund ums Haus.*

Nikolauslegenden

Legende von den drei Jungfrauen

Ein mittelloser Mann hatte drei Töchter. Da er sie aufgrund seiner Armut nicht verheiraten konnte, sah er sich gezwungen, sie ihren Lebensunterhalt als Dirnen verdingen zu lassen.

Der heilige Nikolaus hörte von den Plänen des Mannes und warf in den darauffolgenden drei Nächten für jede Tochter je einen Goldklumpen durch ein Fenster in das Haus. Jedes Mädchen verfügte daraufhin über eine ansehnliche Mitgift und konnte einen Ehemann finden. Die Schande der Prostitution blieb ihnen dank der Hilfe des heiligen Nikolaus erspart.

Die Auferweckung der drei getöteten Schüler

Drei wandernde Schüler nahmen in einer einsam gelegenen Herberge Unterkunft. Der Wirt, der es auf die Geldbeutel der drei Reisenden abgesehen hatte, ermordete die Wehrlosen, kaum war es Nacht, in ihrer Kammer. Um die Spuren seines grausigen Verbrechens zu verwischen, pökelte der Wirt die Körper der Toten in drei Fässern ein.

Als am nächsten Tag der heilige Nikolaus in der Herberge erschien, entdeckte er die Tat und stellte den Wirt zur Rede. Dieser gestand sein Verbrechen und führte den heiligen Nikolaus zu den drei Fässern. Der Bischof schlug über jedem der Fässer ein Kreuzzeichen und erweckte die drei Schüler so wieder zum Leben.

Die Rettung des ertrunkenen Sohnes

Ein wohlhabendes Ehepaar wünschte sich sehnlichst einen Sohn. Der Vater gelobte, er würde mit dem Knaben eine Pilgerfahrt nach Myra unternehmen und dort auf dem Altar des heiligen Nikolaus einen goldenen Becher opfern, wenn sein Wunsch in Erfüllung ginge.

Dem Ehepaar wurde daraufhin ein Sohn geboren, und als der Knabe sieben Jahre alt war, gab der Vater beim Goldschmied einen goldenen Becher in Auftrag. Das gefertigte Kunstwerk gefiel dem Mann aber so sehr, dass er beschloss, es selbst zu behalten und für den heiligen Nikolaus ein ähnliches Gefäß anfertigen zu lassen.

Als der Mann mit seinem Sohn nach Myra segelte, bat er den Knaben, mit dem ersten Becher Wasser aus dem Meer zu schöpfen. Der Junge tat, wie ihm geheißen, fiel dabei ins Meer und verschwand in den Wellen.

Der untröstliche Vater setzte seine Reise fort, und als er in der Kirche des heiligen Nikolaus den zweiten Becher opfern wollte, sprang dieser vom Altar herab. Auch alle weiteren Versuche, das Gefäß dort niederzusetzen, scheiterten. Da erschien plötzlich sein verunglücktes Kind, den Becher in der Hand, und erzählte, dass ihm der heilige Nikolaus zu Hilfe gekommen sei.

Voller Freude über die wundersame Errettung seines Sohnes opferte der dankbare Vater nun beide goldenen Becher dem heiligen Nikolaus.

Apfel, Nuss & Mandelkern ... leckeres Weihnachtsgebäck

Spekulatius ist ein besonderes Gebäck, das traditionell am Tag des heiligen Nikolaus verschenkt wird. Die schmackhafte Spezialität soll ihren Ursprung in einer Legende haben:

Als einst in Myra, der Heimat des heiligen Bischofs Nikolaus, eine schlimme Hungersnot herrschte, fuhren mit Mehl und Getreide reich beladene Schiffe in den Hafen der Stadt ein. Der Heilige bat die Besatzung der Schiffe inständig, der ausgehungerten Stadt das wertvolle Mehl zu überlassen, doch die Schiffer hatten den strengen Auftrag, die vollständige Ladung zum Kaiser nach Rom zu bringen.

Der heilige Nikolaus gab den Männern daraufhin ein Versprechen: Wenn sie ihm einen Teil des Mehls abgeben würden und damit die Stadt vor dem Hungertod bewahrten, dann würde ihnen am Ende ihrer Fahrt kein Gramm ihrer teuren Ladung fehlen.

Die Schiffer hatten Mitleid mit den hungernden Menschen von Myra. Sie überließen dem Bischof wertvolles Mehl, obwohl sie seinen Worten keinen rechten Glauben schenkten und die Strafe der kaiserlichen Beamten fürchteten.

Doch in Rom angekommen, staunten die Schiffer nicht schlecht: Als die gestrengen Beamten die Ladung wogen, waren sie mehr als zufrieden. Es war genau die Menge Mehl und Getreide abgeliefert worden, die am Beginn der Reise an Bord gekommen war. Kein Gramm fehlte – obwohl die Schiffer den Menschen in Myra einen guten Teil ihrer Ladung überlassen hatten! Das Versprechen des Bischofs hatte sich bewahrheitet.

In Myra buk der heilige Nikolaus währenddessen aus dem Mehl schmackhafte Brote und rettete damit die Menschen seiner Stadt vor dem Verhungern.

Aus diesem Grund genießen wir im Advent den leckeren Spekulatius, dessen Name vom lateinischen »speculator«, das heißt »Bischof«, abgeleitet ist und auf den heiligen Nikolaus verweist. Häufig ist auf diesem Gebäck auch der Heilige dargestellt, meist im prachtvollen Bischofsornat.

Der *Christstollen* ist neben dem Lebkuchen das älteste Backwerk, das eigens für das Weihnachtsfest hergestellt wird. In Form und Aussehen soll uns der Stollen an das in Windeln gewickelte Christkind erinnern.
Vor fast siebenhundert Jahren erteilte der Bischof von Naumburg im Saaletal den Bäckern seiner Stadt das Zunftprivileg zur Herstellung des weihnachtlichen Gebäcks. Offenbar hat der hohe geistliche Herr diese Erlaubnis nicht ganz uneigennützig vergeben – als Gegenleistung verlangte der Feinschmecker nämlich für sich und seine Nachfolger im Amte jedes Jahr zwei Stollen zur Weihnachtszeit. 
Da der Christstollen aber als Fastengebäck galt, durfte der Teig nach kirchlichem Dekret keine Butter enthalten, sondern musste ausschließlich aus Wasser, Hafer und Rapsöl zubereitet werden. Der sächsische Adel war mit dem bescheidenen Geschmack des Backwerks höchst unzufrieden und wandte sich an niemand Geringeren als den Papst, um eine Buttererlaubnis für das weihnachtliche Gebäck zu erwirken. Erst etliche Jahrzehnte später hatte schließlich Papst Innozenz VIII. ein Einsehen und erlaubte die edlere Zutat anstelle des Öls in einem Schreiben, das als »Butterbrief« in die Geschichte der Backrezepte eingegangen ist.
Mittlerweile gibt es für den Christstollen die unterschiedlichsten Rezepte. In zahlreichen Gegenden wurden die Stollen zum Christfest an das Gesinde verschenkt und gehörten so zu den traditionellen Weihnachtsgaben. Und auch heute noch ist das süße Backwerk als Geschenk sehr beliebt.

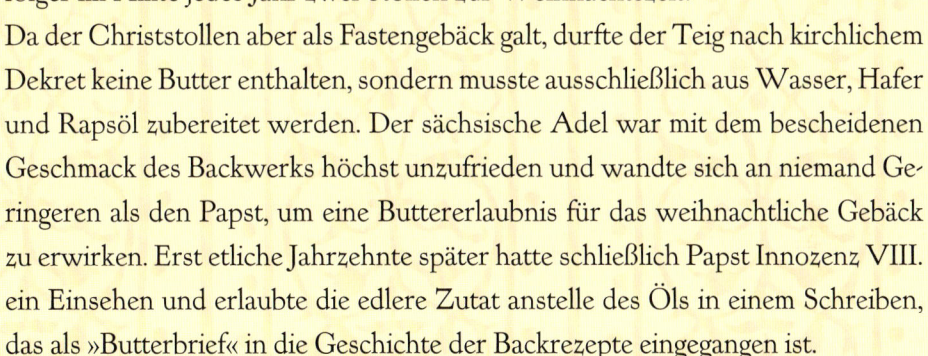

Christstollen
Das ideale Geschenk in der Weihnachtszeit …

Zutaten:

750 – 1000 g Mehl	300 g Butter
2 Päckchen Trockenhefe	200 ml lauwarme Milch
125 g Zucker	300 g in Rum eingeweichte Rosinen
1 gute Prise Salz	300 g nicht zu fein gemahlene und geschälte Mandeln
1/4 Teelöffel gemahlener Kardamom	
1/4 Teelöffel gemahlene Muskatblüte	50 g fein gehacktes Zitronat
10 Tropfen Bittermandelaroma	50 g fein gehacktes Orangeat
1 Päckchen Vanillezucker	Puderzucker

Wichtig: Alle Zutaten sollen Raumtemperatur haben! Also am besten schon morgens alles aus dem Kühlschrank holen und bereitstellen.

750 g Mehl, Trockenhefe, Zucker, Salz, Kardamom, Muskatblüte, Bittermandelaroma und Vanillezucker vermischen. Dann 250 g Butter in kleine Stücke schneiden und über der Mehlmischung verteilen. Die Mischung mit den Händen zu einem weichen Teig kneten, dabei immer wieder Milch untergießen. Falls der Teig zu weich wird, noch mehr Mehl dazugeben, bis er nicht mehr klebt. Anschließend den Teig mindestens eineinhalb Stunden an einem warmen Ort mit einem Küchentuch zugedeckt gehen lassen.

Danach die in Rum eingeweichten Rosinen, die Mandeln und das Zitronat und Orangeat unterkneten. Das dauert!

Ein Backblech mit Alufolie belegen (glänzende Seite nach oben!), den Teig zu einer Kugel formen, zwei Drittel der Kugel platt drücken und das restliche Drittel drüberschlagen, sodass die typische Stollenform entsteht. Den so geformten Stollen auf die Alufolie heben, mit Frischhaltefolie abdecken und ein Küchentuch darüberlegen. Den Stollen erneut eineinhalb Stunden an einem warmen Ort gehen lassen.

Inzwischen den Ofen auf 225 Grad vorheizen und den Stollen (ohne Frischhaltefolie!) bei 170 Grad mindestens eine Stunde backen – so lange, bis er sattbraun, aber nicht zu dunkel ist.

Den noch heißen Stollen sofort mit 50 g aufgelöster Butter bestreichen und sehr üppig mit Puderzucker bestreuen.

Den Stollen erkalten lassen und anschließend ganz in Alufolie einpacken (auf keinen Fall Frischhaltefolie!). Auch wenn es schwerfällt: Der Stollen darf noch nicht angeschnitten werden! Er muss nun für mindestens drei Wochen an einen kühlen Platz, damit die Aromen den Teig ganz durchziehen können. Und zu Weihnachten heißt es dann: genießen!

Früchtebrot, Striezel & Co.

… viele Namen gibt es für die mit getrockneten Früchten zubereitete Spezialität. Sie diente als Geschenk für Kinder, Gäste und für das Gesinde.

Bei der Zubereitung gab es eine Regel: Je größer die Geldbörse, desto exotischer und orientalischer waren die Zutaten. Wer es sich leisten konnte, verwendete neben dem heimischen Obst außerdem noch großzügig Feigen, Datteln, Sultaninen und Orangeat. Besonders verschwenderische Hausfrauen mischten so viele getrocknete Früchte in den Teig, dass es nicht einmal mehr notwendig war, noch Mehl hinzuzufügen.

Doch ob mit Birnen oder Feigen, ob mit oder ohne Mehl gebacken – das Früchtebrot ist in jedem Fall eine köstliche weihnachtliche Spezialität!

Besondere Tage im Advent

13. Dezember
Lucia von Syrakus
geb. um 286, gest. um 310

Schon der Name »Lucia« erzählt uns viel über die strahlende junge Frau, die im 3. Jahrhundert auf Sizilien geboren wurde: »Lucia« kommt vom lateinischen »lux«, was »Licht« bedeutet, und kann mit »die Leuchtende« übersetzt werden.

Als Lichtbringerin war die heilige Lucia schon bei den frühen Christen bekannt und verehrt: Die junge Frau brachte ihren verfolgten Glaubensgenossen Nahrung und Verpflegung in die dunklen Höhlen, in denen sie sich versteckten. Um beide Hände für die Speisen frei zu haben, setzte sie sich einen Kranz aus Lichtern auf das Haupt.

Schon als Kind hatte sie sich heimlich zum Christentum bekannt und ewige Jungfräulichkeit geschworen. Ihr reiches Erbe verschenkte sie an Arme und Bedürftige, und ihren heidnischen Verlobten wies sie zurück.

Der Verschmähte überantwortete Lucia dem römischen Präfekten. Dieser wollte die junge Christin in ein Bordell bringen lassen, um ihren Willen zu beugen, doch ein Ochsengespann und tausend Männer waren nicht in der Lage, die Gefesselte von der Stelle zu bewegen. Weder siedendes Öl, das ihr über das Haupt gegossen wurde, noch um sie herum entzündete Feuer konnten der Heiligen etwas anhaben. Ein Schwertstich in die Kehle tötete die standhafte Frau schließlich – noch im Sterben betete sie und verkündete den nahen Frieden des Christenreiches.

Bis zum Jahr 1582, als Papst Gregor XIII. den Kalender reformierte, war der Luciatag der Tag der Wintersonnenwende. Die Menschen des Mittelalters vertrauten der Lichtbringerin Lucia in dieser schwärzesten aller Nächte – wer, wenn nicht sie, wäre wohl in der Lage, ihnen ein sicheres Geleit durch die Dunkelheit in das neu erwachende Jahr zu geben?

Doch gerade an diesem mystischen Datum der Wintersonnenwende werden auch noch weit ältere Geschichten erzählt, und mancherorts mischen sie sich mit den Überlieferungen von der heiligen Lucia. So wird die Lichtbringerin in einigen Gegenden gar als dämonische Schreckgestalt gefürchtet. Hinter der Maske der »grausigen Lucia« versteckt sich eine furchterregende Göttin, die in der vorchristlichen Zeit in den dunklen Winternächten ihr Unwesen trieb und nur mit Blutopfern zu beschwichtigen war. Einer höchst unheiligen Lucia gilt es also am 13. Dezember aus dem Weg zu gehen: Lügnern schneidet sie kurzerhand die Zunge ab, und Haus und Hof müssen an diesem Tag blitzblank sein, ansonsten schlitzt die »grausige Lucia« dem Schuldigen den Bauch auf und kehrt den Unrat hinein!
Doch halten wir uns lieber an die freundliche und mildtätige Lichtbringerin, die uns ein sicheres Geleit durch die dunklen Winternächte gibt!

Wenn zu Lucia die Gans geht im Dreck,
so geht sie am Christtag auf Eis.

Zerronnen ist ein holder Traum,
die Blätter rieseln welk vom Baum,
vom Zweig sank Frucht auf Frucht.
Verstummt ist selbst der Lerche Lied,
kalt pfeift der Nordwind durch das Ried:
Das Jahr ist auf der Flucht.
Ob Wolke sich auf Wolke türmt
und ob es friert und schneit und stürmt,
uns bringt die heil'ge Nacht
das Gnadenkind, mit dem allein
der Frühling kehrt im Herzen ein,
der ewig selig macht.

Julius Sturm

Vanille, Zimt & Co. ... Gewürze aus aller Welt

Exotisch, geheimnisvoll und magisch galten den Menschen in früheren Jahrhunderten die fremden Gewürze, die Bestandteil vieler Speisen und vor allem der Weihnachtsbäckerei waren. Kamen die seltenen Aromen doch aus dem Orient und aus dem fernen Indien – Ländern, die den Menschen des Mittelalters fantastisch und märchenhaft erschienen und in ihrer Vorstellung Orte voller Zauber und Wunder waren. So konnte man auf den Landkarten der damaligen Zeit deutlich erkennen, dass diese Länder an den irdischen Zugang zum Paradies angrenzten! Die Flüsse Euphrat, Tigris, Nil und Ganges, die die Gewürzländer durchquerten, entsprangen der Sage nach sogar direkt im Garten Eden!

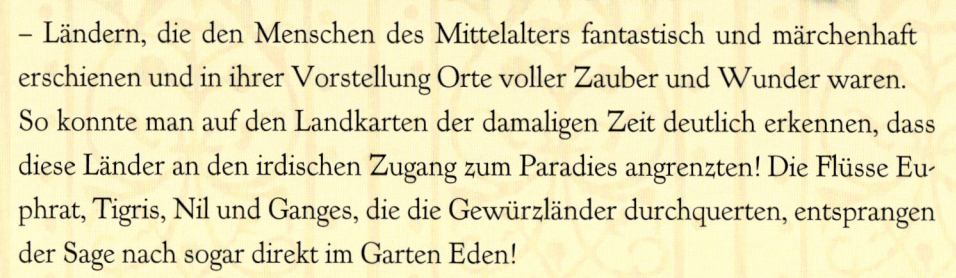

So verwundert es kaum, dass die Vorstellungen über die Ernte der exotischen Pflanzen bisweilen legendenhafte Züge annahmen: Man glaubte etwa, dass die Menschen des Orients am Abend nur ihre Netze in den Flüssen auszulegen brauchten, um am nächsten Morgen die seltenen Gewürze aus dem Wasser zu fischen. Es hieß, die wertvollen Früchte kämen direkt aus dem Paradies, wo der Wind sie aus den Bäumen geschüttelt und ins Wasser geblasen hätte ...
Fast noch wundersamer mutet die Ernte des kostbaren Pfeffers an: Die Menschen in Europa erzählten sich, dass man die begehrten Rispen von einem sehr seltenen Strauch pflücken müsse, der von Schlangen bewacht wird. Um die gefährlichen Tiere zu vertreiben, sei es notwendig, unter den Sträuchern Feuer zu legen – weshalb der Pfeffer auch die typische schwarze Farbe aufweise.
Zimt dagegen könne nur in den Nestern des Phönixvogels gefunden werden – jenes mystischen Vogels, der alle 500 Jahre in Flammen aufgeht und danach seiner eigenen Asche wieder neugeboren entsteigt.

Gewürze waren eine fremde Kostbarkeit, exotisch, aromatisch, wohlschmeckend, voller Heilkraft und segensreicher Magie. Der Zauber, der von ihnen ausging, half den Menschen, sich während der dunklen und kalten Jahreszeit Zuversicht und Lebensfreude zu bewahren. Gewürze schärfen die Sinne, schmeicheln dem Gaumen und wärmen die Herzen – im Mittelalter ebenso wie heute.

Bratäpfel

Zutaten:
2 säuerliche Äpfel (Boskop)
1 Teelöffel Butter
1 Esslöffel Honig
2 Teelöffel gehackte Haselnüsse
Zimt, gemahlene Nelken, Anis, Kardamom

Das Kerngehäuse der Äpfel mit einem Apfelausstecher entfernen, aber nicht ganz durchstechen. Eine Auflaufform mit Butter einfetten, mit der restlichen Butter die Äpfel innen und außen bestreichen. Honig, Haselnüsse und Gewürze vermischen und in die ausgehöhlten Äpfel füllen. Bei ca. 120 Grad (Umluft) eine halbe Stunde im Ofen braten, bis die Äpfel ganz leicht aufplatzen.

Besondere Tage im Advent

21. Dezember
Der Apostel Thomas
geb. um Christi Geburt, gest. um 72 n. Chr.

Kurz vor Weihnachten, am 21. Dezember, gedenken wir einem der zwölf Jünger Jesu: dem heiligen Thomas.

Als »ungläubiger Thomas« ist er sprichwörtlich geworden und als großer Zweifler hat er seinen festen Platz in der Überlieferung gefunden. Thomas glaubte den anderen Jüngern nicht, als diese von der Auferstehung Christi berichteten. Erst, wenn er das Wunder mit eigenen Augen zu Gesicht bekäme, sei er überzeugt, verkündete er! Als Christus seinen Jüngern acht Tage später erneut erschien und diesmal auch Thomas anwesend war, forderte Jesus Thomas auf, die Hand in die Wunde an seiner Seite zu legen.

Thomas berührte die Wundmale und glaubte nun an das Wunder der Auferstehung, doch eine Ermahnung musste er mit auf seinen Weg nehmen: »Weil du mich gesehen hast, Thomas, so glaubst du. Selig sind die, die nicht sehen und doch glauben!«

Und weil Thomas, ein Fischer aus Galiläa und Jünger Jesu, am längsten in der Nacht des Unglaubens verharrt hat, gedenken wir seiner in der längsten Nacht des Jahres.

Wenn St. Thomas dunkel war,
gibt's ein schönes neues Jahr.

In der Winternacht

Es wächst viel Brot in der Winternacht,
weil unter dem Schnee frisch grünet die Saat;
erst wenn im Lenze die Sonne lacht,
spürst du, was Gutes der Winter tat.

Und deucht die Welt dir öd und leer
und sind die Tage dir rau und schwer:
Sei still und habe des Wandels acht –
es wächst viel Brot in der Winternacht.

Friedrich Wilhelm Weber

Lebkuchen

Eine ganz besondere kulinarische Köstlichkeit ist seit vielen Hundert Jahren auf das Engste mit dem Weihnachtsfest verbunden: Wir können uns den Heiligen Abend und die Adventszeit nur schwer ohne den süß-würzigen Duft und den aromatischen Geschmack des Lebkuchens oder Pfefferkuchens vorstellen. Jede Großmutter wacht über ihr besonderes Geheimnis, und jede Region hat ihre ganz speziellen Rezepte. Egal, ob das fertige Gebäck mit Mandeln, Zucker oder Schokolade verziert wird, ob es selbst gebacken oder am Weihnachtsmarkt gekauft ist – der wahre Zauber des Weihnachtsfestes entfaltet sich erst, wenn uns die Aromen von Honig, Zimt, Nelken und all den anderen besonderen Gewürzen in die Nase steigen, die den Lebkuchen so unverwechselbar machen.

Dabei wurde das in der heutigen Zeit beliebteste und bekannteste Weihnachtsgebäck ursprünglich als Arzneimittel hergestellt. Mönche eines Ulmer Klosters verfeinerten ein Rezept, das von Belgien über Aachen bis nach Süddeutschland zu ihnen vorgedrungen war. Die in der Heilkunde bewanderten Männer wussten um die gesundheitsfördernde Wirkung der exotischen Gewürze, die Bestandteil des Teiges waren. Anis etwa ist ein wirksames Mittel gegen Erkältung. Pfeffer, Kardamom und Zimt wärmen die Organe und fördern die Verdauung. Honig – der wichtigste Süßstoff des Mittelalters, da Rübenzucker noch unbekannt und Rohrzucker unerschwinglich teuer war – vertrieb durch seinen freundlichen Geschmack die trüben Gedanken und durch seine Heilwirkung so manche Erkältung.

Vor über 700 Jahren, als man mit der Herstellung des ungewöhnlichen Gebäcks begann, waren die für den Lebkuchenteig notwendigen Aromen alles andere als leicht erhältlich. Häufig wurden die fremdländischen Gewürze ganz allgemein unter dem Begriff »Pfeffer« zusammengefasst, und die Länder, in denen solch außergewöhnliche Pflanzen wuchsen, galten für die einfachen Menschen der damaligen Zeit als unerreichbar und exotisch. Dennoch gab es Missionare, reisende Geistliche und geschickte Fernhandelskaufleute, die die teuren Gewürze nach Europa brachten. Es ist kaum verwunderlich, dass diesen kurios-unbekannten Zutaten bisweilen sogar Zauberkräfte nachgesagt wurden.

Doch damit nicht genug, zog man sogar Zahlenmagie heran, um die Heilkräfte der Lebkuchen noch zu vergrößern! Galten die verwendeten Aromen an sich schon als mächtige Arzneien, so wurden ihre Kräfte noch dadurch verstärkt, dass entweder sieben oder aber neun unterschiedliche Gewürze in den Teig gebacken wurden. Beide Zahlen sind in der christlichen Symbolik sehr bedeutungsvoll: Die Sieben gilt als die vollkommene Zahl – so hat Gott in sieben Tagen die Welt erschaffen –, und die Neun ergibt sich aus dreimal der Drei, die für die Heilige Dreifaltigkeit steht. Derart sorgfältig zubereitet, muss der Lebkuchen einfach eine Wohltat für Körper und Geist sein!

Mönche und Nonnen verschenkten die heilsame und schmackhafte Spezialität zu Weihnachten an einflussreiche und wohlhabende Familien und an Beamte, die den Klöstern nahestanden. Da sich die Lebkuchen als lange haltbar erwiesen, bewahrten die Geistlichen außerdem einen Vorrat im Kloster auf und verteilten die nahrhaften kleinen Kuchen in der kargen Winterzeit großzügig an das einfache Volk.

Schnell fanden sich Bäckermeister, die sich auf die Zubereitung des außergewöhnlichen Gebäcks spezialisierten, und seit dem 14. Jahrhundert widmete sich sogar eine eigene Zunft der Lebkuchenherstellung: die Lebzelter oder Lebküchler.

Nürnberger Lebkuchen

Die neue Berufsgruppe fand vor allem in Nürnberg ideale Bedingungen vor. Gab es in dieser Handelsstadt doch zahlreiche Gewürzhändler, »Pfeffersäcke« genannt, über die die seltenen Zutaten einfach zu beziehen waren. Außerdem war die Stadt von ausgedehnten Wäldern umgeben, in denen sich zahllose Bienenvölker tummelten. Der für den Lebkuchen unentbehrliche Honig war also ebenfalls in ausreichenden Mengen vorhanden.

Mit den notwendigen Zutaten bestens versorgt, konnten die Nürnberger Lebzelter sich über die Jahrhunderte darauf konzentrieren, die Rezepte weiter zu verfeinern und zu verbessern. Und bis heute wird die genaue Zubereitung der Nürnberger Lebkuchen strengstens geheim gehalten!

Eine besondere Spezialität sind die berühmten Nürnberger Elisenlebkuchen. Das feine Backwerk, das mit einem sehr hohen Anteil an Nüssen und fast oder sogar gänzlich ohne Mehl zubereitet wird, geht auf eine Legende zurück: Elisabeth, die Tochter eines Lebzelters, war schwer erkrankt. In tiefer Sorge um sein Kind buk der verzweifelte Vater einen speziellen Lebkuchen, der nur aus Haselnüssen, Bienenhonig und besten Gewürzen bestand. Und siehe da – nach dem Verzehr dieses besonderen Backwerks wurde Elisabeth wieder gesund! Der glückliche Vater aber bewahrte das Rezept und verbreitete es unter dem Namen »Elisenlebkuchen«, um so an die wunderbare Heilung seiner Tochter zu erinnern.

Aachener Printen

Die Aachener Printen, der Sage nach das Lieblingsgebäck von Kaiser Karl dem Großen, wurden früher ausschließlich als Gebildebrote hergestellt – das bedeutet, dass die wohlschmeckenden Kuchen in Form von christlichen Symbolen und Heiligenfiguren ausgestaltet waren. Im Gegensatz zu den Nürnberger Lebkuchen werden die Aachener Printen bis heute nicht mit Honig gesüßt, sondern mit Zuckersirup, was ihnen einen herben und aromatischen Geschmack verleiht.

Pfeffernüsse

Die ebenfalls beliebten und weit verbreiteten Pfeffernüsse kommen heute ohne das namengebende Gewürz aus. Vor ein paar Hundert Jahren jedoch war der exotische Pfeffer noch die wichtigste Zutat dieser speziellen Lebkuchensorte.
Feines weißes Mehl war damals sehr teuer und für einfache Familien unerschwinglich. Darum verwendeten viele Hausfrauen dunkles Roggenmehl zum Backen der weihnachtlichen Spezialität. Die Lebkuchen wurden durch diese Zutat wesentlich härter als die mit dem teuren Weißmehl gebackenen. Da die Hausfrauen den harten Teig häufig in kleine, runde Stücke ausformten, bekamen die fertigen Lebkuchen den Namen »Pfeffernüsse«.
Besonders Kinder liebten dieses Gebäck, das sie vom Nikolaus, zu Weihnachten oder als Belohnung für adventliche Gesänge und Umzüge bekamen. Manchmal benutzten sie die Pfeffernüsse sogar als Spielsteine – wegen der harten Konsistenz eignete sich das Backwerk hervorragend dafür.

Pulsnitzer Pfefferkuchen

Aus der sächsischen »Pfefferkuchenstadt« Pulsnitz kommt eine besondere Spezialität, die, entgegen ihrem Namen, keinen Pfeffer beinhaltet. Als »Pfeffer« wurden vielmehr ganz allgemein die exotischen Gewürze bezeichnet, die im Teig enthalten waren. Und dieser Teig wird in Pulsnitz besonders aufwendig zubereitet: Er enthält kein Fett und muss mehrere Wochen reifen, bevor er gewürzt und schließlich zu verschiedensten Spezialitäten weiterverarbeitet werden kann.

Pfefferkuchenhaus

Besonders ehrgeizige Weihnachtsbäcker versuchen sich bisweilen an der Zubereitung eines »Pfefferkuchenhauses«. Rein statisch stellt ein derartiges Backwerk eine echte Herausforderung dar – wie groß ist dafür der Stolz, wenn das Häuschen zuckerüberzogen, mit Hänsel, Gretel und der Knusperhexe fertiggestellt ist!

Das Knusperhäuschen kennen wir alle aus »Hänsel und Gretel«, dem wohl berühmtesten Märchen der Brüder Grimm. 1893 wurde dieser Stoff von Engelbert Humperdinck in einer Oper vertont. Das musikalische Werk gehörte schnell zum beliebten Standardrepertoire der Theater zu Weihnachten. In dieser Zeit entstand die Mode, aus Pfefferkuchenteig selbst ein »Knusperhäuschen« zu backen.

Und wer sich streng an die Tradition hält, der darf die schmackhafte Spezialität erst anknabbern, wenn der Weihnachtsbaum wieder abgeschmückt ist!

Lebkuchen

Ohne sie ist Weihnachten nicht Weihnachten …
hier ein Rezept, das schnell zu backen ist und köstlich schmeckt!

Zutaten:

6 kleine Eier
375 g Feinkristallzucker
250 g gemahlene Mandeln
250 g gemahlene Haselnüsse
1 Päckchen Lebkuchengewürz
(bevorzugt natürlich Siebenerlei oder Neunerlei)
1 Messerspitze Backpulver

100 g klein gehacktes Zitronat
100 g klein gehacktes Orangeat
Oblaten mit 70 mm Durchmesser
Helle oder dunkle Kuvertüre zum Glasieren oder geschälte Mandeln zum Dekorieren

Die Eier schaumig schlagen und nach und nach den Kristallzucker dazurieseln lassen. In einer zweiten Schüssel die gemahlenen Mandeln und Haselnüsse mit dem Lebkuchengewürz und dem Backpulver mischen, dann das Zitronat und Orangeat dazugeben. Die Nussmischung nach und nach unter den Eierschaum rühren.

Den fertigen Teig mit einem Esslöffel auf die Oblaten verteilen.

Die Lebkuchen kommen bei 175 Grad auf die mittlere Schiene des vorgeheizten Ofens und müssen dort ca. 25 Minuten backen. Immer wieder kontrollieren, ob sie schon genug Farbe haben!

Wenn die Lebkuchen erkaltet sind, helle oder dunkle Kuvertüre schmelzen und die duftenden Kuchen damit bestreichen.

*Ich wüsste gern, ob der Schnee die Bäume und die Felder liebt,
wo er sie so zärtlich küsst.*

Lewis Carroll

Alle Jahre wieder … Die Krippe

Jedes Jahr im Advent, wenn wir die Kisten und Schachteln mit der Weihnachtsdekoration vom Speicher geholt haben, wenn die Lichterketten entwirrt und die Christbaumkugeln auf eventuelle Schäden überprüft sind, dann ist auch der Zeitpunkt gekommen, die sorgfältig in Papier eingelegten Krippenfiguren auszupacken. Stück für Stück setzt sich das Bild von der Geburt des Jesuskindes vor unseren Augen zusammen: Schafe, Hirten und Engel werden gezählt, der Ochs und der Esel vom Staub befreit und die Heilige Familie liebevoll zurechtgestellt.

Und wie abwechslungsreich und voll lieb gewonnener Erinnerung sind die kleinen Welten, die da aus Holz, Wachs oder Gips jedes Jahr aufgebaut werden, sodass sich große wie kleine Menschen voller Begeisterung darin versenken können!
Ob prächtige Kirchen- oder einfache Hauskrippen, ob exotisch anmutende orientalische oder volkstümlich gestaltete alpenländische Krippen – jede dieser Miniaturlandschaften hat ihren ganz besonderen Stil und erzählt ihre ganz eigene Version der Weihnachtsgeschichte. Und genau das ist wohl auch das Geheimnis dieses liebenswerten Brauches: Es geht beim Bau der Krippe nicht darum, die historische Wahrheit abzubilden. Die Botschaft ist vielmehr: Bethlehem ist überall – im Stall eines heimischen Bauernhauses ebenso wie in der Wüstenlandschaft Palästinas.

Als Erfinder der Weihnachtskrippe gilt der beliebte heilige Franz von Assisi. Vor fast 800 Jahren stellte er am Weihnachtstag in einer Felsgrotte in der Nähe des Dorfes Greccio die Geburt Christi mit lebendigen Menschen sowie einem

Ochsen und einem Esel nach. Franziskus wollte durch diese Aufführung dem in Massen herbeigeströmten Volk die Armut des göttlichen Kindes vor Augen führen.

Durch diese lebendige Darstellung angeregt, entstanden in den folgenden Jahrzehnten in vielen italienischen Kirchen figürliche Krippen. In Santa Maria Maggiore in Rom kann man heute die älteste erhaltene Krippendarstellung der Welt bewundern: Der Künstler Arnolfo di Cambio gestaltete Ende des 13. Jahrhunderts lebensgroße Alabasterfiguren, die in einer Seitenkapelle des bedeutenden Kirchenbaus die Anbetung des Christuskindes durch die drei Könige darstellen. Und nur wenige Meter davon entfernt wird in eben dieser Kirche eine kostbare Reliquie aufbewahrt: Es handelt sich um nichts Geringeres als fünf angeblich originale Brettchen von der echten Krippe des Jesuskindes!

Italien kann also als das »Geburtsland« der Weihnachtskrippen gelten. Reisende Mönche brachten dieses weihnachtliche Brauchtum schließlich über die Alpen, und seit etwa 500 Jahren sind die Krippen auch hierzulande ein fester Bestandteil des Weihnachtsfestes.

Häufig waren die Figuren, die zu Weihnachten in den katholischen Kirchen aufgestellt wurden, über einen Meter groß, damit sie auch von den hinteren Bänken aus noch gut zu erkennen waren. Die Priester konnten mit ihrer Hilfe dem einfachen, leseunkundigen Volk die Weihnachtsgeschichte anschaulich nahebringen.

Im Laufe der Zeit wanderten die Krippen von den Kirchen in die privaten Haushalte. Dabei galt für gewöhnlich: Je einfacher die Stube, desto kleiner wurden die Figuren. Die Menschen begannen schnell, beim Krippenbau die heimischen Landschaften nachzubilden und das Geschehen um Christi Geburt in ihre bekannten Lebenswelten zu verlagern – ob das ein niedersächsisches Bauernhaus war oder ein Dorf in den Tiroler Bergen.

Heutzutage gibt es auf der ganzen Welt Krippen in allen Formen und Ausgestaltungen. Winzig kleine Darstellungen, bei denen Maria, Josef und das Jesuskind in einer Nussschale Platz finden; mechanische Krippen, in denen ein kompliziertes Räderwerk die Figuren belebt; oder auch mehrere Quadratmeter große Miniaturlandschaften, in denen der bäuerliche Alltag abgebildet ist und bei denen der erstaunte Betrachter die weihnachtliche Stallszene inmitten der ganzen kleinen Geschäftigkeit erst einmal suchen muss.

Wer stolzer Besitzer einer prächtig ausgestalteten Krippe ist, wird sicher viel Freude daran haben, sie aufzustellen und dem bewundernden Besuch zu präsentieren. Doch auch wer nur geringen Platz zur Verfügung hat, kann beim Aufbau der weihnachtlichen Szene seine Fantasie spielen lassen: Um die Weihnachtsgeschichte nachzuerzählen, reichen uns schon ein paar wenige einfache Figuren aus. Nach einem winterlichen Waldspaziergang haben wir genügend Moos, Steine und Wurzeln gesammelt, um eine kleine Landschaft aufzubauen, in der die Heilige Familie Rast finden kann. Es macht Spaß, den Stern von Bethlehem aus Strohhalmen zu basteln, und wenn eine Kerze abends die kleine Szenerie beleuchtet, so scheint alles bereit für die Ankunft des Gottessohnes.

Wer sich gedulden kann, der legt das Christuskind erst am Heiligen Abend auf seinen Platz, und auch die drei Weisen aus dem Morgenland können sich wohl zu Weihnachten schon auf den Weg machen – beim neugeborenen Jesus ankommen dürfen sie aber erst am 6. Januar!

*Es treibt der Wind im Winterwalde
die Flockenherde wie ein Hirt,
und manche Tanne ahnt, wie balde
sie fromm und lichterheilig wird,
und lauscht hinaus. Den weißen Wegen
streckt sie die Zweige hin – bereit,
und wehrt dem Wind und wächst entgegen
der einen Nacht der Herrlichkeit.*

Rainer Maria Rilke

Der Christbaum

Wenn die oft hektische Geschäftigkeit der Vorweihnachtszeit verklungen ist, die letzten Geschenke heimlich verpackt sind und am Heiligen Abend das festliche Abendessen vorbereitet ist, dann wird es Zeit, die Familie um den Baum zu versammeln und die Kerzen zu entzünden.
Wenn Licht um Licht in den Zweigen entfacht wird, ein würziger Duft nach Tannennadeln den Raum erfüllt und bunte Kugeln, Sterne und Zuckerwerk zwischen den Zweigen schimmern, dann tritt Stille ein und Kinder wie Erwachsene verfallen für lange Sekunden mit staunenden Augen dem weihnachtlichen Zauber.

Der Brauch, das Heim in der dunklen Winterzeit mit immergrünen Zweigen zu schmücken, geht bis in vorchristliche Zeiten zurück. Unsere Ahnen erhofften sich Schutz und Glück vom frischen Grün, das in der kargen Jahreszeit eine hoffnungsvolle Aussicht auf den nahenden Frühling gab. Besonders Misteln sollten während der langen Nächte helfen, die bösen Geister zu vertreiben. Und noch heute befestigen wir die »Alfranken« oder auch »Elfenranken«, wie man in Norddeutschland sagt, über dem Türstock und erhoffen uns Glück und Fruchtbarkeit für das kommende Jahr.

Der Weihnachtsbaum selbst, geschmückt und mit Lichtern versehen, fand vor etwa fünfhundert Jahren seinen Weg in unsere heimatlichen Stuben. Tatsächlich war der Baum ursprünglich ein Symbol für die Sünde! Mit Äpfeln geschmückt, stellte er in den im Mittelalter üblichen »Paradiesspielen« den Baum der Erkenntnis dar. Das hübsche Requisit wurde schließlich auch in Waisenhäusern und Zunfthäusern aufgestellt und mit Lebkuchen, Papierrosen, Strohsternen und Zuckerwerk geschmückt. Sehr zur Freude der Kinder, die den Paradiesbaum traditionell am Dreikönigstag plündern durften!

Mit diesem »sündigen« Sinnbild für Weihnachten war die katholische Kirche anfangs so gar nicht einverstanden! Haben die immergrünen Pflanzen zur Winterzeit doch eindeutig heidnische Wurzeln – und gerade dieser unchristliche Weihnachtsschmuck wird dann auch noch mit dem Apfel, einem Symbol für die Sünde, verziert!

Als die Kirche jedoch erkannte, dass sich der fröhlich geschmückte Baum vor allem in den vornehmsten Familien immer größerer Beliebtheit erfreute, akzeptierte sie die »nieuwe Unsitte«, wie der Straßburger Prediger Johannes Konrad Dannhauer sich 1642 ausdrückte, und ergänzte den Baumschmuck sogar noch um ein wichtiges Detail: Von nun an sollten auch Kerzen in den Zweigen stecken, als Zeichen für die Erlösung, die den Menschen durch die Geburt Christi zuteil wird.

Mit seinen Lichtern erinnerte der Baum also nicht mehr nur an die Erbsünde des Menschen, sondern zeigte auch dessen Erlösung an – und vereint dadurch in seinem vielfältigen Schmuck die zahlreichen verschiedenen Facetten des Weihnachtsfestes.

Im 18. Jahrhundert trat der Christbaum endgültig seinen unaufhaltsamen Siegeszug in die Herzen der Menschen an. Über die Fürstenhöfe verbreitete sich der neue Brauch in ganz Europa, und wer es sich leisten konnte, eiferte dem Adel nach und schmückte zum winterlichen Fest liebevoll einen Nadelbaum mit Kerzen, Äpfeln, Sternen und Gebäck.

Diese neue Gewohnheit zog durchaus auch Probleme nach sich: So bestand der Adel darauf, dass in den Wäldern großer – häufig zu großer – Wildreichtum herrschte. Damit das Vergnügen der Jagd gesichert war, nahmen die hohen Herrschaften gerne den Rückgang des Tannenbestandes in Kauf. Doch plötzlich bedrohten nicht nur die Tiere, sondern auch noch die Menschen zur Weihnachtszeit den ohnehin schon dezimierten Baumbestand. War es doch viel bequemer und auch günstiger, die Bäumchen heimlich aus dem benachbarten Wald zu holen, als für teures Geld am Markt zu kaufen!
Der Versuchung, solcherart an ein günstiges Bäumchen heranzukommen, mag auch heute noch so mancher erliegen. Doch im Gegensatz zu früher, wo der Luxus eines eigenen Christbaums nur den Wohlhabenden vorbehalten war, ist ein geschmückter Baum mittlerweile für jede Familie ein erschwinglicher und unentbehrlicher Bestandteil des Weihnachtsfestes.

In großen Teilen der Welt spendet der Weihnachtsbaum den Menschen Freude, Hoffnung und Zuversicht. Seinem strahlenden Zauber kann sich kaum jemand entziehen – vor 500 Jahren genauso wenig wie heute und alle Jahre wieder!

Traditioneller Christbaumschmuck

Äpfel oder rote Christbaumkugeln erinnern an die verbotene Paradiesfrucht und damit an unsere biblischen Ureltern Adam und Eva, die am 24. Dezember ihren Namenstag haben. Noch vor etwa hundert Jahren gehörten Adam und Eva und sogar die Schlange als Figuren zum traditionellen Christbaumschmuck in Norddeutschland.

Papierrosen am Christbaum vermitteln uns die Illusion, dass der Baum blühen würde. Der Überlieferung nach ging die schwangere Maria durch einen Dornwald. Als Maria die Dornen berührte, erblühten die kargen Sträucher und trugen dabei die schönsten Rosen.
Auch aus dem Mittelalter gibt es zahlreiche Erzählungen von Weihnachtswundern, wonach mitten im Winter Bäume Blüten getragen haben sollen.

Strohsterne waren stets ein beliebter Weihnachtsschmuck und konnten auch von den ärmsten Familien selbst hergestellt werden. Noch heute sind der Fantasie beim Basteln keine Grenzen gesetzt! Der strahlende Baumschmuck erinnert an den Stern von Bethlehem, der den Heiligen Drei Königen den Weg zur Krippe wies. Und das Stroh ruft uns ins Bewusstsein, dass der neugeborene Gottessohn in einem einfachen Stall zur Welt gekommen ist.

Auch *getrocknete Früchte* waren ein beliebter Baumschmuck. Schließlich freuten sich die Kinder allerorten schon auf das »Abblümeln« des Baumes und wollten dabei natürlich etwas zum Naschen haben. Die köstlichen Früchte, die mitten im Winter auf den Zweigen »wuchsen«, verdeutlichten das Wunder eines zur kalten Jahreszeit Früchte tragenden Baumes.
In manchen Gegenden der Schweiz werden die Christbäume heute noch »Dattelbäume« genannt.

Kerzen am Weihnachtsbaum sind ein Symbol für die Erlösung, die den Menschen durch die Geburt Jesu zuteil wird. Bienenwachs allerdings war in früheren Jahrhunderten sehr teuer, sodass häufig einfache Talglichter verwendet wurden, die in Walnusshälften gegossen waren.

Auch *Lebkuchen* gehören zum traditionellen Baumschmuck. Der »Paradiesbaum« sollte in jeglicher Hinsicht üppig und paradiesisch ausgestattet sein, und da durften die köstlichen Spezialitäten keinesfalls fehlen.

Am Abend vor Weihnachten

*Dämmerstille Nebelfelder,
schneedurchglänzte Einsamkeit
und ein wunderbarer weicher
Weihnachtsfriede weit und breit.*

*Nur mitunter, windverloren,
zieht ein Rauschen durch die Welt,
und ein leises Glockenklingen
wandert übers stille Feld.*

*Und dich grüßen alle Wunder,
die am lauten Tag geruht,
und dein Herz singt Kinderlieder
und dein Sinn wird fromm und gut.*

*Und dein Blick ist voller Leuchten,
längst Entschlaf'nes ist erwacht...
Und so gehst du durch die stille
wunderweiche Winternacht.*

Wilhelm Lobsien

Das Weihnachtsevangelium nach Lukas

In jenen Tagen erließ Kaiser Augustus den Befehl, alle Bewohner des Reiches in Steuerlisten einzutragen. Dies geschah zum ersten Mal; damals war Quirinius Statthalter von Syrien. Da ging jeder in seine Stadt, um sich eintragen zu lassen.

So zog auch Josef von der Stadt Nazaret in Galiläa hinauf nach Judäa in die Stadt Davids, die Betlehem heißt; denn er war aus dem Haus und Geschlecht Davids. Er wollte sich eintragen lassen mit Maria, seiner Verlobten, die ein Kind erwartete.

Als sie dort waren, kam für Maria die Zeit ihrer Niederkunft, und sie gebar ihren Sohn, den Erstgeborenen. Sie wickelte ihn in Windeln und legte ihn in eine Krippe, weil in der Herberge kein Platz für sie war.

In jener Gegend lagerten Hirten auf freiem Feld und hielten Nachtwache bei ihrer Herde. Da trat der Engel des Herrn zu ihnen und der Glanz des Herrn umstrahlte sie. Sie fürchteten sich sehr, der Engel aber sagte zu ihnen: Fürchtet euch nicht, denn ich verkünde euch eine große Freude, die dem ganzen Volk zuteil werden soll: Heute ist euch in der Stadt Davids der Retter geboren; er ist der Messias, der Herr. Und das soll euch als Zeichen dienen: Ihr werdet ein Kind finden, das, in Windeln gewickelt, in einer Krippe liegt.

Und plötzlich war bei dem Engel ein großes himmlisches Heer, das Gott lobte und sprach: Verherrlicht ist Gott in der Höhe / und auf Erden ist Friede / bei den Menschen seiner Gnade.

Als die Engel sie verlassen hatten und in den Himmel zurückgekehrt waren, sagten die Hirten zueinander: Kommt, wir gehen nach Betlehem, um das Ereignis zu sehen, das uns der Herr verkünden ließ.

So eilten sie hin und fanden Maria und Josef und das Kind, das in der Krippe lag. Als sie es sahen, erzählten sie, was ihnen über dieses Kind gesagt worden war. Und alle, die es hörten, staunten über die Worte der Hirten. Maria aber bewahrte alles, was geschehen war, in ihrem Herzen und dachte darüber nach.

Die Hirten kehrten zurück, rühmten Gott und priesen ihn für das, was sie gehört und gesehen hatten; denn alles war so gewesen, wie es ihnen gesagt worden war.

Lk 2, 1–20

Christkind oder Weihnachtsmann?

Wenn das Weihnachtsfest naht, wenn die Häuser und Geschäfte mit Tannenreisig und Lichtern geschmückt werden, wenn auf den Plätzen in den Städten und Dörfern Weihnachtsmärkte aufgebaut sind und wir uns an den kalten Abenden dankbar am heißen Glühwein wärmen, dann treffen in Sonderpostämtern der Orte »Himmelreich«, »Christkindl« und »Engelskirchen« Tausende und Abertausende Postkarten und Briefe ein.
Kinder auf der ganzen Welt schicken ihre Wünsche an das Christkind oder an den Weihnachtsmann – und so manches Kind geht vielleicht auf Nummer sicher und richtet seine Post vorsichtshalber an beide Adressen.

Geheime Briefe haben die Kinder verfasst, Listen geschrieben und Wünsche formuliert, die nur für das Ohr des weihnachtlichen Gabenbringers bestimmt sind. Oft mussten die Kleinen sich mächtig anstrengen, denn das Schreiben will geübt sein, und die richtigen Worte aufs Papier zu bringen ist nicht leicht. Doch Christkind und Weihnachtsmann sind zum Glück nachsichtig, was die Orthografie betrifft. Fleißige Helfer beantworten die Zeilen der Kinder sorgfältig, denn die himmlischen Gabenbringer selbst sind am Weihnachtstag schwer damit beschäftigt, jedes Haus zu besuchen und allen Wünschen nachzukommen. Leider können sie immer nur ganz kurz verweilen, und so finden die Kinder lediglich die Spuren ihres Besuchs vor – ein wenig Goldstaub im Schnee, ein sich bewegendes Licht am Himmel …

Aber wer sind eigentlich die sagenhaften Gestalten, an die sich Kinder aus der ganzen Welt hoffnungsvoll und freudig wenden? Woher kommen sie? Ist der weißbärtige Mann in Lappland zu Hause oder gar am Nordpol, wie viele vermuten? Bezieht das Christkind seine Briefe über Postämter im österreichischen Wallfahrtsort »Christkindl« oder im Ort »Himmelreich«, der im Schwarzwald nahe dem Höllental liegt?

Der erste Gabenbringer, der schon vor mehr als 500 Jahren zur Weihnachtszeit kleine Wünsche der Kinder erfüllte, war der heilige Nikolaus. Als sich der Kult um den Bischof von Myra im Mittelalter immer weiter nach Westeuropa ausbreitete, blieb der beliebte Heilige vor allem wegen der Legende, in der er drei mittellosen Schwestern drei goldene Äpfel schenkte, als Gabenbringer im Bewusstsein der Menschen lebendig. So war es naheliegend, dass der gütige Bischof den Kindern am 6. Dezember kleine Geschenke brachte – Dörrobst, Nüsse oder weihnachtliches Gebäck. Die süßen und nahrhaften Kleinigkeiten waren damals zur kalten Jahreszeit höchst willkommene Gaben.

Doch Martin Luther, dem großen Reformator, war die katholische Heiligenverehrung ein Dorn im Auge. Er versuchte den weitverbreiteten Kult um den frühchristlichen Bischof zurückzudrängen. Weil Luther aber erkannte, wie viel Freude den Menschen der weihnachtliche Schenkbrauch machte, beschloss er, den heiligen Nikolaus durch eine andere Figur zu ersetzen: Nicht mehr der beliebte Bischof am 6. Dezember, sondern das »Christkind« würde fortan am Weihnachtstag die Geschenke bringen, verkündete das Kirchenoberhaupt seinen Anhängern.

Luther ließ hier eine Tradition aufleben, die im Elsass schon seit geraumer Zeit Brauch war: Dort verteilte eine engelsgleiche Gestalt, meist ein Mädchen mit goldenen Locken und einem weißen Kleid, zu Weihnachten kleine Gaben. Martin Luther machte diese Figur weithin bekannt und jede Region interpretierte sie für sich auf eine andere Art und Weise: In Norddeutschland ist das »Kinnjees«, das »Kindlein Jesus«, mit dem neugeborenen Jesuskind gleichzusetzen, doch in vielen Regionen mischten sich Engelsgestalten und Herolde mit in die Vorstellungswelt der Menschen und prägen unser Bild vom Christkind bis heute.

In manchen evangelischen Gemeinden wurde das Brauchtum um den heiligen Nikolaus tatsächlich durch das Christkind abgelöst, doch in den meisten Gegenden ließen sich die Menschen »ihren« Nikolaus nicht nehmen. Gern akzeptierten sie Luthers Christkind als weitere weihnachtliche Figur, doch der heilige Nikolaus geriet deshalb noch lange nicht in Vergessenheit! Zu beliebt war der Heilige beim einfachen Volk, zu verankert waren seine Legenden im Bewusstsein der Menschen.

Für die Kinder hat diese Entwicklung durchaus Vorteile: Sie erhalten nämlich seither sowohl am 6. Dezember als auch am Heiligen Abend eine Bescherung!

Doch woher kommt nun der Weihnachtsmann? Mit dem Nikolaus scheint er eng verwandt zu sein und mit dem Christkind hat er immerhin den Tag seines Besuchs gemein. Wo hat der fröhliche rotbäckige Mann seine Wurzeln?

Viele Traditionen vereinen sich in dieser Gestalt, die in Amerika unter dem Namen »Santa Claus« bekannt ist und die auch in unseren Breiten von Jahr zu Jahr immer beliebter wird.

Mithin der wichtigste Ahn des sympathischen Gabenbringers ist der niederländische »Sinterklaas«, eine Figur, die direkt auf den heiligen Nikolaus zurückgeht. Mitte November landet Sinterklaas jedes Jahr auf einem mit Geschenken beladenen Dampfschiff in den Niederlanden. Tausende Menschen erwarten den heiligen Mann am Hafen und jubeln ihm zu, wenn er auf einem Schimmel reitend in Amsterdam an Land geht.

Niederländische Auswanderer nahmen diese Figur im 19. Jahrhundert mit in ihre neue Heimat Amerika. Aus »Sinterklaas« wurde im Englischen schnell »Santa Claus«, und dieser freundliche, weißbärtige, ältere Herr nahm großzügig weitere Wesenszüge verschiedenster europäischer Sagengestalten in sich auf.

Zur endgültigen Verbreitung der beliebten Gestalt führte aber eine Werbekampagne der Firma Coca-Cola: Im Jahr 1931 zeichnete der amerikanische Grafiker Haddon Sundblom einen fröhlichen, rotbäckigen Santa Claus. Als Vorlage für die beleibte und heitere Figur hatte sich der Künstler den pensionierten Coca-Cola-Verkaufsfahrer Lou Prentice zum Vorbild genommen. Der korpulente Mann mit seinem prächtigen Vollbart war wie geschaffen für die Figur des Weihnachtsmannes. Und damit die Werbebotschaft auch eindeutig auf die bekannte Getränkemarke zu beziehen war, kleidete Sundblom seinen Santa Claus in das typische leuchtende Coca-Cola-Rot.

Ein Mythos war geboren! Bis zum Jahr 1966 fertigte der Künstler jedes Jahr zu Weihnachten mindestens eine Zeichnung des sympathischen Gabenbringers an und trug damit maßgeblich dazu bei, das Bild des rot gewandeten älteren Herrn im ganzen Land und weit darüber hinaus zu verbreiten.

Doch ob die Briefe der Kinder nun am Nordpol oder in Himmelreich geöffnet werden, ob die Geschenke mit dem Rentierschlitten durch die Nacht gefahren oder von Engeln durch die Lüfte getragen werden – das Wichtigste ist und bleibt der Moment des Schenkens, in dem wir die Freude teilen, die wir jemand anderem bereitet haben.

Von drauß' vom Walde komm ich her;
ich muss euch sagen, es weihnachtet sehr!
Allüberall auf den Tannenspitzen
sah ich goldene Lichtlein sitzen;
und droben aus dem Himmelstor
sah mit großen Augen das Christkind hervor,
und wie ich so strolcht' durch den finsteren Tann,
da rief's mich mit heller Stimme an:
»Knecht Ruprecht«, rief es, »alter Gesell,
hebe die Beine und spute dich schnell!
Die Kerzen fangen zu brennen an,
das Himmelstor ist aufgetan,
Alt' und Junge sollen nun
von der Jagd des Lebens einmal ruhn;
und morgen flieg ich hinab zur Erden,
denn es soll wieder Weihnachten werden!«

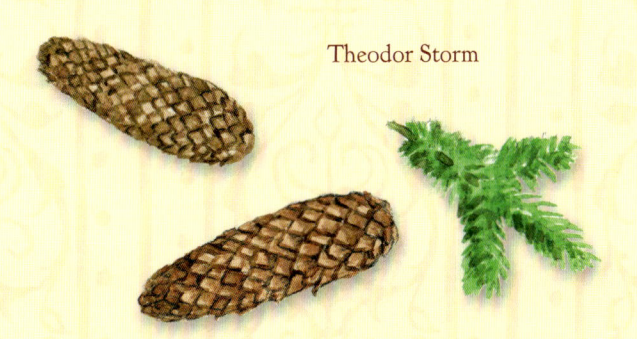

Theodor Storm

Es weihnachtet sehr

Brief von Theodor Storm an seine Eltern vom 20. Dezember 1856

Es wird Weihnachten! Mein Haus riecht schon nach braunen Kuchen – versteht sich, nach Mutters Rezept – und ich sitze sozusagen schon seit einer Woche im Scheine des Tannenbaums.

Ja, wie ich den Nagel meines Daumens besehe, so ist auch der schon halbwegs vergoldet. Denn ich arbeite jetzt abends nur in Schaumgold, Knittergold und bunten Bonbonpapieren; und während ich Netze schneide und Tannen- und Fichtenäpfel vergolde und die Frauen, d.h. meine Frau und Röschen, Lisbeth's Puppe ausputzen, liest Onkel Otto uns die »Klausenburg« von Tieck vor oder gibt hin und wieder eine Probe aus den Bilderbüchern, die Hans und Ernst auf den Teller gelegt werden sollen.

Gestern Abend habe ich sogar Mandeln und Zitronat für die Weihnachtskuchen schneiden helfen, auch Kardamom dazu gestoßen und Hirschhornsalz. Den Vormittag war ich stundenlang auf den Bergen in den Wäldern herumgeklettert, um die Tannenäpfel zu suchen. Ja, Ihr hättet mich sogar in meinem dicken Winter-Sürtout hoch oben in einer Tannenspitze sehen können. Freilich hatte ich mich vorher gehörig umgesehen; denn der Herr Kreisrichter durfte sich doch nicht auf einem ganz offenbaren Waldfrevel ertappen lassen.

Jeden Morgen, die letzten Tage, kommt der Postbote und bringt Päckchen oder einen Brief aus der Heimat oder aus der Fremde von Freunden. Die Weihnachtszeit ist doch noch gerade so schön, wie sie in meinen Kinderjahren war.

Wenn nur noch der Schnee kommen wollte; wir wohnen hier so schön, da müsste der Weihnachtsbaum, wenn er erst brennt, prächtig in die Winterlandschaft hinausleuchten.

Zwischen den Jahren – Die Raunächte

So festlich und freundlich uns heutzutage die Weihnachtszeit mit all ihren Lichtern, kulinarischen Genüssen und Schenkbräuchen erscheint, so dunkel, rau und gespenstisch erlebten die Menschen in vergangenen Jahrhunderten die kurzen Tage um die Jahreswende. Die routinierte Gewissheit, mit der wir heute die Wiederkehr des Frühlings erwarten, lag unseren Vorfahren noch fern. Jahr um Jahr bangten sie aufs Neue, ob auch in diesem Jahreskreis die guten über die bösen Mächte siegen und die Tage nach der Wintersonnwende wieder länger werden würden.

Wenn die dunklen Nächte um den Jahreswechsel oft kalt und stürmisch waren, hatten unsere Vorfahren dafür eine logische Erklärung: Waren die Tage um die Jahreswende doch »tote Tage«, die nicht Teil des damals gebräuchlichen Kalenders waren. Der Mondkalender, nach dem sich die Menschen in der bäuerlichen Gesellschaft orientierten, teilte das Jahr in zwölf Mondmonate ein. Diese ergaben in der Summe jedoch nur 354 Tage, sodass die fehlenden elf Tage und zwölf Nächte noch mit in den Jahreskreis eingefügt werden mussten. Und diese besonderen Tage und Nächte lagen nun »außerhalb der Zeit« …

… und »außerhalb der Zeit« sind die normalen Regeln der Natur außer Kraft gesetzt. Die alten heidnischen Götter kehren zurück und fordern wütend die ihnen zustehende Ehrerbietung ein. Die mächtigen Winterdämonen bäumen sich noch einmal auf, bevor sie von den unaufhaltsam einbrechenden Mächten des Frühlings in die alte Ordnung zurückgedrängt werden.

In diesen Nächten, vielerorts »Raunächte« oder auch »Die Zwölften« genannt, ist es deshalb geraten, alles zu tun, damit Licht und Wärme für das kommende Jahr wieder an Kraft gewinnen können. Mit Böllerschüssen und Lärm werden die Geister des Winters vertrieben, Umzüge mit Angst einflößenden Kostümen erschrecken und verjagen die finsteren Dämonen.

Die gefährlichsten Gesellen, die in den Nächten zwischen dem Heiligen Abend und dem Dreikönigstag ihr Unwesen treiben, sind die grausamen Krieger der »Wilden Jagd«: Sie jagen unter Wotans Befehl nächtens durch die Wolken, und wehe dem, der ihnen dabei begegnet! Die Wilde Jagd zieht ihn hoch in die Luft, und nur Gott weiß, ob er die Füße wieder auf den Boden bekommt! In der Zeit der Raunächte sollte der Wanderer also tunlichst darauf achten, sein Ziel noch vor Einbruch der Dunkelheit zu erreichen!

Auch die Hausfrau ist in diesen Tagen auf der Hut: Freya, die grausame und ungestüme Gattin Wotans, reitet mit ihrem Mann und sie kann Unordnung nicht leiden. Haus und Hof müssen sauber aufgeräumt sein und keinesfalls darf Wäsche gewaschen werden! Die Wilde Jagd könnte sich nämlich in den aufgehängten Wäschestücken verfangen und aus Wut darüber Krankheit und Tod über die Familie bringen! Brot zu backen ist ebenfalls streng verboten, da die Wilde Jagd den Teig verhext – wer später davon isst, wird krank oder stirbt vielleicht sogar!

In Schleswig-Holstein verschlossen die Menschen in den Nächten der »Zwölften« Fenster und Türen und stopften Stroh in die Ritzen. Denn wenn die Wilde Jagd eine offene Tür fand, fuhr sie ins Haus und fraß mit ihren Hunden die gesamten Wintervorräte ratzekahl!

In vielen Teilen Süddeutschlands und Österreichs schützten die Menschen Haus und Hof mit Weihwasser und Rauch. Während die Familie in der Stube den Rosenkranz betete, ging der Bauer mit Weihwasser und einer Räucherpfanne durch alle Räume und Stallungen und segnete Menschen, Tiere und Felder.

Vielerorts wird dieser Brauch heute noch praktiziert. Wenn auch nicht mehr in allen zwölf Raunächten, so aber doch in den drei wichtigsten und gefährlichsten: der Christnacht, der Silvesternacht und der Nacht vor dem Dreikönigstag. Die Heiligen Drei Könige tragen das Ihre zum Schutz des Hauses vor den bösen Geistern bei: Bei ihrem Besuch am 6. Januar schreiben sie »C + M + B«, die Abkürzung für »Christus Mansionem Benedicat«, auf unseren Türstock. Dieser Segen bedeutet »Christus segne diese Wohnstatt« und hält alle bösen Geister für mindestens ein Jahr vom eigenen Heim fern.

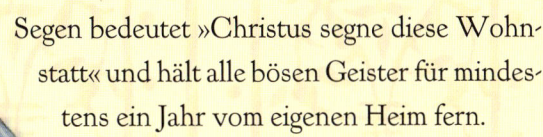

Derart geschützt und gesegnet, können wir uns also auch in heutigen Tagen behaglich in der Stube zurücklehnen und dem Wind lauschen, der um die Hausecken pfeift. Da mag die Wilde Jagd noch so toben und brausen, sie kann doch nicht verhindern, dass die Tage länger und die Nächte wieder kürzer werden und dass ein weiteres Mal das Licht den Sieg über die Dunkelheit davontragen wird.

Weihnachten

Liebeläutend zieht durch Kerzenhelle,
mild, wie Wälderduft, die Weihnachtszeit.
Und ein schlichtes Glück streut auf die Schwelle
schöne Blumen der Vergangenheit.

Hand schmiegt sich an Hand im engen Kreise,
und das alte Lied von Gott und Christ
bebt durch Seelen und verkündet leise,
dass die kleinste Welt die größte ist.

Joachim Ringelnatz

Ein Lied geht um die Welt

Jahr für Jahr erklingt am Heiligen Abend ein Lied, das einen sehnsüchtigen Glanz in die Augen der Menschen auf der ganzen Welt zaubert. Seit nunmehr fast 200 Jahren ist es rund um den Globus bekannt, es wurde in über 300 Sprachen übersetzt und ein jedes Kind kennt seine Melodie.
Die Wurzeln des wohl berühmtesten aller Weihnachtslieder liegen in einem kleinen Dorf in Österreich.

Der junge, aus Salzburg stammende Geistliche Josef Franz Mohr überreichte seinem Freund Franz Xaver Gruber im Advent des Jahres 1818 ein selbst verfasstes Gedicht mit der Bitte, eine dazu passende Melodie zu schreiben. Mohr war Hilfspriester in der neu errichteten Pfarre St. Nikolaus in Oberndorf bei Salzburg – ein kleines Städtchen, dessen Bewohner mehr schlecht als recht von den Salztransporten auf der Salzach lebten. Im Winter waren die meisten Oberndorfer ohne Arbeit, und der junge Geistliche wollte seinen Gemeindemitgliedern zum Christfest ein Weihnachtslied schenken, das jedermann verstehen konnte. Die Sprache der Liturgie war zur damaligen Zeit das Latein, und somit war die Messe für die einfachen Menschen unverständlich.

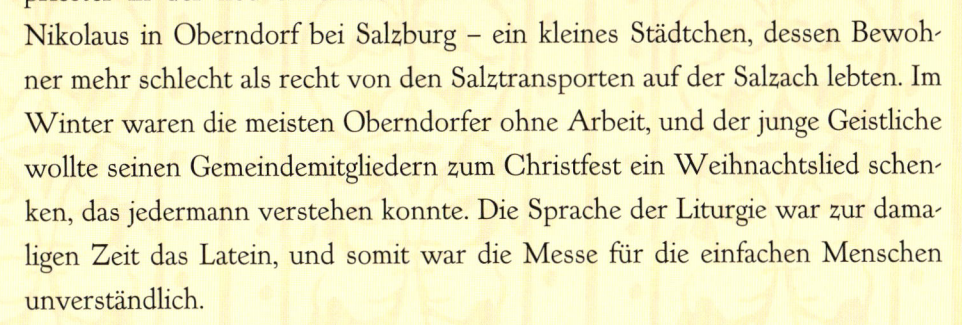

Gruber, ein Dorfschullehrer und Organist, verfasste gerne für seinen Freund eine Melodie auf das stimmungsvolle Weihnachtsgedicht. Und so erklang in der Kirche St. Nikolaus am Heiligen Abend des Jahres 1818 das Lied »Stille Nacht, heilige Nacht« zum ersten Mal. Mohr sang die Oberstimme und begleitete mit der Gitarre und Gruber sang den Bass dazu.

Die Kirchgänger waren von der Klarheit der Melodie und der Schönheit des Klangs gerührt und begeistert. Das Lied wurde fortan zu jedem Weihnachtsfest in St. Nikolaus und in weiteren kleinen Kirchen des Salzburger Landes gespielt. »Stille Nacht, heilige Nacht« wäre wohl für alle Zeiten ein unentdecktes musikalisches Kleinod geblieben, wenn nicht im Jahr 1825 der Orgelbauer Karl Mauracher aus dem Zillertal die Oberndorfer Kirchenorgel repariert hätte. Die Bevölkerung schwärmte dem musikbegeisterten Mann von dem wunderschönen Weihnachtslied vor, und Mauracher griff zu Stift und Zettel, um sich Worte und Melodie zu notieren.

Daheim im Zillertal gab er seine Aufzeichnungen an die befreundete Familie Strasser weiter; von Beruf Handschuhmacher, waren sie in ihrer spärlichen Freizeit begeisterte Hausmusiker.

Einige Jahre sollten vergehen, bis die Geschwister Strasser des Geschäfts wegen die Leipziger Messe besuchten. Um Kunden für ihre Handschuhe zu gewinnen, gaben sie dort das Lied »Stille Nacht, heilige Nacht« zum Besten. Die schönen Stimmen von Amalie, Anna, Josef und Karoline erregten so viel Aufsehen, dass die vier zur Christmette in die königliche Hofkapelle von Pleißenburg eingeladen wurden. Der hohen Gesellschaft dort gefiel das stimmungsvolle Lied – und »Stille Nacht, heilige Nacht« trat seinen Siegeszug in die ganze Welt an!

Stille Nacht, heilige Nacht!
Alles schläft, einsam wacht
nur das traute hochheilige Paar.
Holder Knabe im lockigen Haar,
schlaf in himmlischer Ruh!
Schlaf in himmlischer Ruh!

Stille Nacht, heilige Nacht!
Gottes Sohn, o wie lacht
Lieb' aus deinem göttlichen Mund,
da uns schlägt die rettende Stund,
Christ, in deiner Geburt!
Christ, in deiner Geburt!

Stille Nacht, heilige Nacht!
Hirten erst kundgemacht
durch der Engel Halleluja.
Tönt es laut von fern und nah:
Christ, der Retter ist da!
Christ, der Retter ist da!

Die Lostage ... was das neue Jahr wohl bringen mag?

Die dunklen Nächte um die Jahreswende lehren uns das Fürchten. Die Winterdämonen verbreiten noch einmal ihren ganzen Schrecken, bevor sie sich dem unaufhaltsamen Sieg des Lichts und des Frühjahrs beugen müssen. Doch zum Glück halten die gefährlichen und stürmischen Zeiten um die Jahreswende auch erfreuliche Überraschungen bereit, wie unsere Vorfahren sehr genau wussten. So bieten bestimmte Tage für den, der die Zeichen lesen kann, die Möglichkeit, einen Blick in die Zukunft zu werfen! Was das kommende Jahr wohl bringen mag?

Denn wer die alten Überlieferungen kennt, der kann eine ganze Menge über die Zukunft erfahren! Über das Wetter, die Ernte und über das Wichtigste im Leben – die Liebe!

Der *heilige Andreas*, der Schutzpatron der Liebenden, ist der Erste, der den jungen Mädchen beisteht, die brennende Frage nach dem zukünftigen Liebesglück zu beantworten. In der Nacht auf den 30. November, den Andreastag, muss die junge Frau in der Stube einen Pantoffel über die Schulter werfen. Weist die Spitze des Pantoffels nach dem Wurf zur Tür, so bedeutet das, dass ihr im nächsten Jahr eine Hochzeit bevorsteht!

*Schau in der Andreasnacht,
was für Gesicht das Wetter macht:
So wie es ausschaut, glaub's fürwahr,
bringt's gutes oder schlechtes Jahr.*

Auch die *heilige Barbara* verrät uns, ob wir im kommenden Jahr mit Glück und Fruchtbarkeit zu rechnen haben. Dazu müssen wir am 4. Dezember – dem Barbaratag – einen Apfel- oder Kirschzweig abbrechen und zu Hause ins Wasser stellen. Blüht das Zweiglein zu Weihnachten auf, so bedeutet das Glück und Segen für das nächste Jahr!

*Knospen an St. Barbara,
sind zum Christfest Blüten da.*

Der *heilige Thomas* hilft uns dabei, einen ersten Blick auf den Zukünftigen zu werfen. In der Nacht auf den 21. Dezember – den Thomastag – kann man das Gesicht desjenigen erblicken, der für einen bestimmt ist. Man spricht ein kurzes Gebet und blickt dann in den Spiegel, in einen Teich oder ins Feuer, in der Hoffnung, die Züge des zukünftigen Bräutigams darin zu erkennen. Sollte sich wider Erwarten kein Bild zeigen, dann kann man den Heiligen immer noch darum bitten, nachts im Traum die richtige Vision zu schicken.

In der **Heiligen Nacht**, heißt es, können die Tiere sprechen. Weil Jesus in einem Stall zwischen Ochs und Esel zur Welt gekommen ist, verleiht er den Vierbeinern jedes Jahr zu Weihnachten eine menschliche Stimme und die Gabe, die Zukunft vorauszusagen.

Knechte und Mägde schlichen sich früher oft während der Christmette aus der Kirche und stahlen sich heimlich in den Stall. Dabei mussten sie aber sehr leise sein! Denn wenn die Tiere die versteckten Lauscher bemerkten, fielen sie in ihr gewohntes »Muh!« und »Iah!« zurück – und der Blick in die Zukunft blieb für ein weiteres Jahr verschlossen.

Auch in der *Silvesternacht* kann der Neugierige sein Schicksal herausfordern! Denn die Nacht der Jahreswende gibt einen Blick in die Zukunft frei! Um die Geheimnisse des Schicksals entschlüsseln zu können, gießen wir geschmolzenes Blei in kaltes Wasser und versuchen, die daraus entstandenen Formen zu deuten. Sieht das Blei aus wie ein Schiff? Dann steht eine Reise bevor! Oder ist gar ein Brautkranz zu erkennen? Dann wird im nächsten Jahr geheiratet!

Wer mit dem Ergebnis nicht zufrieden ist, der darf in der letzten Losnacht, der *Dreikönigsnacht*, seine Figur noch einmal einschmelzen und es erneut versuchen. Das Schicksal kann sich ja in der Zwischenzeit neu besonnen haben!

*Wind in St. Silvesters Nacht
hat nie Wein und Korn gebracht.*

*Neujahrsnacht still und klar
deutet auf ein gutes Jahr.*

In der Silvesternacht empfiehlt es sich außerdem, die Pferde genau zu beobachten. Halten sie den Kopf tief, werden sie im kommenden Jahr vor einen Leichenwagen gespannt. Halten sie ihn hingegen hoch, dann wird es eine Hochzeitskutsche sein!

*Draußen ziehen weiße Flocken
durch die Nacht, der Sturm ist laut;
hier im Stübchen ist es trocken,
warm und einsam, stillvertraut.
Sinnend sitz ich auf dem Sessel
an dem knisternden Kamin,
kochend summt der Wasserkessel
längst verklungne Melodien.
Und ein Kätzchen sitzt daneben,
wärmt die Pfötchen an der Glut;
und die Flammen schweben, weben,
wundersam wird mir zumut.*

Heinrich Heine

Die Heiligen Drei Könige und der Stern von Bethlehem

Drei weise Männer, Könige gar, wie die Überlieferung zu berichten weiß, kommen wenige Tage nach der Geburt des Jesuskindes zur Krippe. Ein Stern habe sie aus dem Morgenland bis nach Bethlehem geführt, erzählen sie – ein besonderer Stern, dessen Erscheinen am Nachthimmel die Geburt eines Königs verkünde!

Märchenhaft und magisch mutet diese Erzählung an: Drei Könige aus den drei Erdteilen der damals bekannten Welt waren bis in das Dorf Bethlehem gezogen, um einem Kind zu huldigen, das in einem gewöhnlichen Viehstall das Licht der Welt erblickt hatte.
Kaspar, der »Schatzmeister« aus Europa, Melchior, der »König des Lichts« aus Afrika, und Balthasar, der »von Gott Beschützte« aus Asien kommen in die ärmliche Unterkunft und überreichen dem Neugeborenen in der Krippe wertvollste Geschenke: Gold, Weihrauch und Myrrhe, Gaben, die großen Priestern und Königen angemessen sind!

Was hat die drei weisen Männer bewogen, die lange Reise auf sich zu nehmen? Was ließ sie so sicher sein, dass am Ende ihres gefährlichen Weges tatsächlich ein König auf sie warten würde?

In der Zeit um Christi Geburt gab es eine seltene und außergewöhnliche Himmelserscheinung: Die Bahnen von Jupiter und Saturn kreuzten sich am Nachthimmel und vollführten eine gemeinsame Schleife. Die ohnehin schon hell leuchtenden Planeten waren mit bloßem Auge nun nicht mehr zu trennen und ergaben einen neuen, alles andere überstrahlenden »Stern«. Dieses Phänomen fand zudem im Sternbild der Fische statt, das den Babyloniern als Symbol für Israel galt.

Die himmelskundigen Männer der damaligen Zeit deuteten dieses Phänomen als heilbringendes Zeichen: Im Westen, dort wo der helle neue Stern am Nachthimmel stand, war ein mächtiger König geboren worden!

Das Matthäus-Evangelium bezeichnet die Männer, die Jesus im Stall aufsuchen und beschenken, als »Magier« – so nannte man damals weise und sternenkundige Männer. Erst einige Hundert Jahre später spricht die Überlieferung von Königen und nennt die Zahl Drei.

Doch ob König oder Sterndeuter: Gefährlich war die Reise allemal, die die weisen Männer aus dem Morgenland bis nach Bethlehem zum neugeborenen Jesuskind führte. Ihre beschwerliche Wanderung ließ sie als Patrone für Reisende und Pilger im Bewusstsein der Menschen lebendig bleiben. Nicht von ungefähr tragen viele Gasthäuser, die Zimmer und Verpflegung für müde Wanderer anbieten, Namen, die auf die drei himmelskundigen Könige verweisen. »Zum Stern«, »Zu den drei Kronen« oder »Zum Mohren« sind typische Bezeichnungen, die dem Reisenden versichern: Mit dem Segen der Heiligen Drei Könige wirst du dein Ziel sicher und unversehrt erreichen!

Heiligdreikönig sonnig und still,
Winter vor Ostern nicht weichen will.

Ist Dreikönig hell und klar,
gibt's viel Wein in diesem Jahr.

Ist bis Dreikönigstag kein Winter,
so kommt auch kein strenger mehr dahinter.

Weihnachten

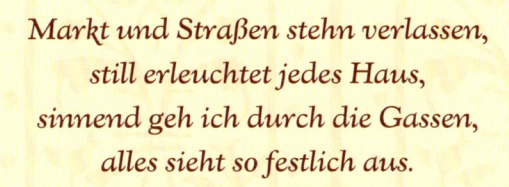

Markt und Straßen stehn verlassen,
still erleuchtet jedes Haus,
sinnend geh ich durch die Gassen,
alles sieht so festlich aus.

An den Fenstern haben Frauen
buntes Spielzeug fromm geschmückt,
tausend Kindlein stehn und schauen,
sind so wunderstill beglückt.

Und ich wandre aus den Mauern
bis hinaus ins freie Feld,
hehres Glänzen, heil'ges Schauern!
Wie so weit und still die Welt!

Sterne hoch die Kreise schlingen,
aus des Schnees Einsamkeit
steigt's wie wunderbares Singen –
O du gnadenreiche Zeit!

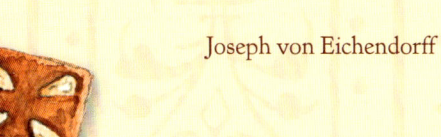

Joseph von Eichendorff

Genehmigte Lizenzausgabe für Verlagsgruppe Weltbild GmbH,
Steinerne Furt, 86167 Augsburg
Copyright © 2009 by arsEdition GmbH, München
Text: Paula Winter
Illustrationen: Silvia Braunmüller
Grafische Gestaltung: Atelier Lehmacher
Einheitsübersetzung der Heiligen Schrift
© 1980 Katholische Bibelanstalt, Stuttgart
Umschlaggestaltung: Atelier Lehmacher, Friedberg (Bay.)
Umschlagmotiv Engel: © Dover Publications, Inc.
Hintergrundmuster: © PantherMedia / Chris K.
Gesamtherstellung: Offizin Andersen Nexö Leipzig GmbH, Zwenkau
Printed in the EU
ISBN 978-3-8289-8158-4

2012   2011   2010
Die letzte Jahreszahl gibt die aktuelle Lizenzausgabe an.

Einkaufen im Internet: *www.weltbild.de*